Palabras y razonamientos de

ROBERTO CHAVARRÍA CORNEJO

(R)EVOLUCIÓN HUMANA

Edición de Raúl Caballero García

Con la dedicación muy especial para toda mi familia y nuestra futura descendencia, abrigando esperanza y contribuyendo a una evolución más humanista.

El haber nacido en un ambiente de pobreza e ignorancia, sin duda tuvo una fuerte incidencia en mis primeros años de vida, de la mano de esto el gran amor y estímulo de mi madre -especialmente- fueron el contrapeso que, desde mi infancia, desarrollaron en mí la curiosidad y la inquietud para cuestionar, buscar, caminar, aprender, aprender y aprender.

Hoy, con 56 años, mis inquietudes continúan vivas. Mis razonamientos y observaciones se los comparto en nueve temas con lo mejor y más humano de mis intenciones.

Estoy seguro que mi progenitora -como la mayoría de las madres- estarán muy orgullosas de saber que su incidencia fue lo bastante profunda y que aún con todos nuestros errores, esa semilla de inquietud seguirá germinando hasta el final de nuestros días.

Reflexionemos, cuestionemos, disfrutemos la lectura.

Roberto Chavarría C.

(R)evolución Humana

ÍNDICE

Libertad e independencia	4
Desarrollo Humano	14
Desarrollo económico	26
El fanatismo político en el partidismo	38
Costumbres y tradiciones	49
Pobreza mental	61
Perfiles	73
Nuestra salud	85
Los emigrados	97
Sumario	109

LIBERTAD E INDEPENDENCIA

Hay tantos temas torales y fundamentales que hubiéramos debido atender durante el proceso de nuestra formación como país, en el entendido de que estableceríamos los conceptos de libertad e independencia en nuestra Constitución -para regirlos y sustentarlos- y con ello dar base a los preceptos y a la filosofía que guiarían a los ciudadanos del nuevo país en su nueva vida independiente. Pero ocurre que después de dos siglos, es muy evidente, los mexicanos no tenemos una definición clara de nuestra libertad o de nuestra independencia. Un poco de razonamiento libre acerca de estos temas desde la perspectiva de países conquistados o de colonias, sobre cuándo es el momento de liberarse o independizarse, nos origina dos preguntas claves. Primero, ¿se prepara a los colonizados? Esto difícilmente ocurriría en una colonia, conociendo la historia universal donde la colonización implica opresión en lo general. O bien: ¿Se lucha por la independencia con sus conocidas consecuencias de violencia y muerte, y se avanza sobre la marcha en el establecimiento de los principios de libertad e independencia? Tal responsabilidad recae por lo general en aquellos hombres y mujeres que asumen luchar contra sus opresores, pero en nuestro caso, desafortunadamente, se vieron más preocupados por sacudirse la opresión que pensar en los fundamentos que darían sustento a su nueva libertad. Sin lugar a dudas es el caso de nuestra historia, en ella cargamos, arrastramos, este malentendido concepto de libertad del ciudadano común mexicano. Resulta de profundo interés la incidencia de la cultura de los conquistadores. Todo lo que conlleva una conquista, la colonización de equis grupos étnicos en general, repercutió en el caso específico de lo nuestro, lo que hoy es México. Esta mezcla, este encuentro, resultó en lo que hoy somos, con todos sus lados buenos, malos, y otros no tan buenos ni tan malos; es nuestra realidad, de ahí que, como actores de nuestro tiempo, debemos hacer nuestra aportación. El gran error que por bien nuestro debemos evitar a toda costa, es juzgar acontecimientos de hace dos siglos con una mentalidad actual. Aquellos eran seres de carne, hueso y mente de su época. Tanto unos como otros, conquistadores y conquistados, encararon sus circunstancias y vivieron acontecimientos que al paso del tiempo solo nos queda analizar, entender y valorar en sus debidas dimensiones. Decía anteriormente que somos hoy el resultado de aquellos acontecimientos. Sin duda, con todas las consideraciones, tenemos una deuda histórica con nosotros mismos, principalmente en nuestra comprensión tanto individual como colectiva acerca de lo que nuestros héroes de la independencia, en su momento, concibieron y documentaron como libertad, que en las diferentes Constituciones se ha manejado y entendido a través de nuestra vida como país independiente. Echando un vistazo a nuestra historia a grandes saltos, podemos darnos cuenta de lo complicado que debió ser, inicialmente, conciliar razonamientos después de tres siglos de conquista; con la mezcla étnica que se dio, tantos sentimientos, resentimientos, unos válidos otros no tan válidos, unos con nobleza, otros no tan nobles, pero con todo, así es como se logra la independencia, con muchísimos problemas por atender, pero ya en un país libre. Una sociedad que ya libre mostraba a través de sus héroes dificultad para desprenderse de forma definitiva de sus colonizadores, de la madre patria o como se le quisiera llamar. Lo que es claro es la dificultad que les costaba aceptar, digerir plenamente su nuevo status de país, ciudadanos libres e independientes. Sin duda a muchos ciudadanos de hoy en día aún nos cuesta mucho trabajo, nos resulta muy arduo -tanto en lo individual como en lo colectivo- declararnos hombres libres por cuestiones políticas, de interés social, religiosas, en fin, por asuntos que tienen mucho que ver con nuestra subsistencia y socialización diaria. Lo cual deviene en una situación un tanto ambigua, complicada y a la vez cómoda, tanto para nuestros gobernantes como para la sociedad en general pues entendemos nuestra libertad como la definen nuestras líneas fronterizas, con nuestra soberanía ¡se dirá! Pero de forma paralela, cuando tenemos una gran cantidad de población con una pobreza económica terrible, los mismos ciudadanos vemos al gobierno como responsable incluso de alimentarnos, no aceptamos ni nuestra libertad ni nuestra independencia individual; he ahí lo que pudiera considerarse una falla fundamental de nuestra estructura como país, aún hoy en día no hemos definido nuestra libertad e independencia individual, que conlleva una serie de responsabilidades ciudadanas, ni nuestros legisladores, constitucionalistas o filósofos políticos han encontrado la fórmula para plasmarla en nuestros principios constitucionales que nos den la definición de ciudadano mexicano libre, y se sustente en la filosofía y programas educacionales impartidos tanto en escuelas públicas, privadas o en cualquier lugar de enseñanza de nuestro país. Es claro que como en la mayoría de los casos, primero debe existir la idea para después plasmarla en acción, quizá sea tiempo ya de empezar a reflexionar, de darle forma a la idea para plasmarla de manera paulatina en nuestra Carta Magna, que es la que nos debe guiar a dar ese giro de transformación, ese empoderamiento ciudadano tan necesario si aspiramos a ser una sociedad libre, con ciudadanos fuertes constitucionalmente, con el supremo interés de transformarnos individualmente, y al hacerlo transformar nuestro entorno, nuestras familias y nuestro país. El empoderamiento individual sin duda trasciende a lo colectivo. Este esfuerzo, si es que quisiéramos hacerlo, sin duda sacudiría nuestras conciencias. Así como los estatus socioeconómicos que históricamente se han manipulado, me atrevo a pensar que más por temores e ignorancia que por maldad o perversidad, esos mismos temores se han apoderado de los grupos de la sociedad más rezagados. El rechazo a toda oportunidad de cambio se muestra a través de la violencia entre los mismos grupos comunitarios, o en su caso, se rechazan iniciativas gubernamentales. La necesidad de una nueva forma de pensar para poder actuar diferente, nos llama a gritos; si esperamos obtener resultados distintos recorriendo los mismos caminos, no ocurrirá. Tomo la oportunidad para mencionar lo que creo que debe ser el primer paso tanto en lo individual como en lo social, como país: Urge que iniciemos una Reconciliación Nacional con nuestro pasado lejano, medio y actual. Aun con todas nuestras diferencias somos el resultado de esa mezcla indígena-española. Habría que asumir dicha reconciliación reconociendo a nuestros hermanos quienes hasta hoy han mantenido su ascendencia y descendencia indígena; lo mismo para con aquellos que han emigrado hacia el exterior; y a quienes han venido del exterior y han hecho de nuestro país su hogar. Tal paso significa una acción difícil desde lo personal para muchos -muy lastimoso por el dolor, por lo trágico que puede resultar la digestión de la conquista- aunque en ello vaya nuestra autoflagelación, nuestra disminución propia como si quisiéramos haber podido controlar nuestro pasado; son cosas mucho más allá de nuestro alcance, pero tan nuestras, tan cerca de la esencia de nuestro ser. Como toda aventura, como la vida misma, todo tiene un inicio. Desde mi espacio, con el único objetivo de retomar nuestra libertad, nuestra independencia como país, estoy convencido de que tenemos que trabajar fuerte en nuestra libertad e independencia individuales. Gran favor nos hacemos nosotros mismos al asumirnos como país libre, con una sociedad presa de temores y prejuicios, con individuos presos sicológica y culturalmente, tanto de los lados positivos o negativos de nuestra historia, llorando o celebrando con borracheras o a balazos nuestras batallas, derrotas o triunfos. Hoy en día podemos pasear nuestra curiosidad por la historia de todo el mundo. Nos encontramos que los diferentes grupos étnicos, de los diferentes países, son una minoría los que han podido mantener su autonomía étnica; las mezclas raciales siguen su evolución de forma constante con los resultados de que ya tenemos familias, en los más diversos lugares del planeta, con las más diversas mezclas étnicas, hasta hace muy poco tiempo, imposibles de imaginar. Nosotros como mexicanos, resultado de aquella mezcla de hace siglos, hemos mezclado nuestras raíces con una gran cantidad de diferentes grupos étnicos a lo largo y ancho del planeta, de forma pacífica y amorosa en lo general, en varones y hembras, sin discriminación alguna, con algunas excepciones que no viene al caso mencionar. Nuestro entendido de soberanía sin duda debemos fortalecerlo empoderando al ciudadano. Las fronteras o líneas divisorias deben estar enmarcadas con bienestar hacia quienes viven dentro de las mismas, ningún favor nos hacemos al trazar fronteras que enmarcan pobreza o ciudadanos sin posibilidades de ser y dar lo mejor de sí mismos. ¡Libertad! Palabra que quisiéramos pensar clara y absoluta, sin embargo, al entrar en su análisis nos damos cuenta de la ambigüedad que podemos dar a su interpretación, tan diversa como los humanos mismos. El planeta lo hemos hecho ya una villa donde todos sabemos, de forma inmediata, lo que ocurre en cualquier rincón. Cualquier política económica o social tiene efectos positivos o negativos que todos experimentamos. Hacer lo contrario también es una opción, lo más común es intentar las prácticas socialistas o incluso comunistas donde el Estado dicta, regula las reglas de su sociedad, de sus actividades, donde el empoderamiento es del Estado y el ciudadano queda relegado de esa libertad e independencia que intento tratar en estas páginas. En el caso nuestro, como mexicanos, esta línea de pensamiento y acción ya está muy rebasada por nuestra realidad. Carísimo nos ha costado poner en práctica este tipo de políticas públicas. Hemos creado una confusión alarmante en la función del Estado, así como una dependencia atroz en una gran cantidad de nuestra población, de la mano de un sentido de concientización raquítico que resulta en ciudadanos sin el menor sentido de responsabilidad social, sin la menor esperanza de un futuro mejor ni en lo individual ni en sociedad. Situación tal que no nos permite hacer consideraciones serias acerca de nuestra libertad o independencia, tanto en lo individual como en sociedad. Justo, digno es recordar a todos aquellos individuos que a lo largo de nuestra historia han contribuido en esa dinámica social, buscando dar esos saltos de evolución de calidad en nuestra sociedad, pues sin lugar a dudas hemos hecho ya un largo recorrido en ese andar que es la evolución humana, pero aún tenemos frente a nosotros un camino que nos espera, un camino para recorrerlo como seres libres recibiendo y dando lo mejor de nosotros mismos, con la finalidad suprema de vivir una vida plena a lo máximo de nuestras posibilidades; donde nuestras instituciones salvaguarden como eje base rector, ese derecho tan simple, tan básico, de permitir ayudarnos, y estimularnos para ser lo mejor que podamos ser. Agradecemos, nos unimos a los esfuerzos de tantas personas de bien, que incluso con su vida han pagado la osadía de soñar y actuar en busca de nuestra libertad, de nuestra independencia individual y social, hacemos nuestro su esfuerzo y en su honor debemos enriquecer sus ideales, que hoy frente a nosotros el futuro nos reclama. En el caso de los obreros, cómo podemos hablar de libertad cuando no se tienen opciones de empleo, cuando tiene que pelear su derecho básico al empleo, defender su trabajo muchas veces a costa de su dignidad, incluso a costa de su vida, organizándose de formas diversas ¡para pelear por el empleo mismo! Eso no es libertad, mucho menos independencia. Urge que demos saltos cualitativos que nos guíen al empoderamiento ciudadano, los hombres libres se atreven a soñar, a dar vuelo a su imaginación y creatividad. Aquí el asunto de fondo es evitar meternos en una chamarra de fuerza, donde nos insisten que aprendamos nosotros mismos a ser las víctimas, propiciando ¡que le pongamos nosotros mismos un precio muy alto a nuestra propia libertad e independencia! Nos dicen que no podemos, que no debemos, y entonces nos gritamos, nos peleamos. Que, porque cómo es posible que nos atrevamos a ser libres, ¿qué fregados nos creemos? Ay, pobre de aquel que se atreva a soñar, a querer alcanzar el éxito. Nosotros -si seguimos ese guion que se nos quiere imponer- por todos los medios posibles le denostaremos, le aguaremos su fiesta; creído, idiota, malinche, traicionero, vende patrias, etc. etc. etc. Un rayo de luz y esperanza en la más negra de las noches es lo que espero sean mis palabras en este escrito, completamente alejado de cualquier interés político. La idea nace y se fortalece en el mejor contexto humanista posible, enfocado al individuo de forma directa, si algo tenemos que lamentar no solo en nuestro país sino en todo el mundo, a lo largo de una buena parte de la historia de la humanidad, es esa descarnada lucha por imponer ideales, el sometimiento del hombre por el hombre. Cuán difícil es conciliar ideales, unificar esfuerzos. Nuestra patria no ha estado exenta de esa dificultad ni antes de la conquista ni durante la época colonial ni durante nuestra vida como país independiente hasta nuestros días. No está por demás decir que no somos unos angelitos. Difíciles somos los seres humanos, aprendemos muy despacio, quizás la libertad del individuo tiene que ir de la mano con un grado de iluminación, concientización, para que no se vuelva loco sin saber qué hacer con ella, y trastornado regrese a su salvajismo original. Mientras tanto, sigamos en la búsqueda de la comprensión de libertad e independencia, que para nuestra libertad plena aún nos quedan varias generaciones por venir, espacio y tiempo por recorrer. Somos un país joven, sin duda con un trabajo filosófico por desarrollar e implementar al corto, mediano y largo plazo, difícil pero no imposible. Como en cualquier situación del individuo o sociedad un diagnóstico honesto y claro es necesario, si de verdad se busca atender y resolver, sin dejar de lado por ninguna razón, el factor humano. Quienes saben de las cosas del filosofar, nos dicen que algo súper complicado es el conocerse a sí mismo, pero con buena voluntad y disposición humanista, poco a poco podemos dar esos saltos de calidad que nuestro país, la humanidad en general, tanto necesitan. En casa, por nosotros mismos, qué mejor lugar para iniciar la comprensión de libertad e independencia tanto en lo individual como en sociedad. Cuando el hombre ha marcado tantas fronteras imaginarias o reales para separar, dividir una sociedad de otra, no hay frontera o muro - imaginario o material- que la libertad e independencia de la mano del hombre y su humanismo no pueda derrumbar. En esta época que nos tocó vivir, fin del siglo XX e inicio del XXI, cuando como nunca la humanidad está dando saltos científicos y tecnológicos, la gran deuda humana sin duda es el trabajo, la inversión tanto de recursos como de intelecto en sí mismos, para desarrollar mejores seres humanos. Desde mi espacio veo con mucha preocupación el enfoque que normalmente se da a la educación, encaminada a preparar profesionistas o trabajadores de muy específica especialidad, ignorando u olvidando por completo al ser humano que lleva dentro cada estudiante, resultando muchas veces en excelentes profesionistas o trabajadores, pero carentes de los más básicos elementos humanistas; pareciera que estamos enfocados en generar robots de producción, en una carrera donde el capitalismo desenfrenado nos gana, rige los destinos de la humanidad en una contradicción histórica de mayores proporciones. Libertad, palabra con tan profundo sentido, de tan difícil explicación, y de mucho más complicada aplicación, tanto individual como en sociedad, que en su nombre tanto individuos como países completos, desde amistades personales perdidas hasta guerras civiles entre hermanos étnicos hemos peleado, usándola como bandera y estandarte, todo porque no podemos ponernos de acuerdo en su mensaje, en su significado; quizás es una de las muchas cosas sagradas que solo una gran sabiduría con alto sentido de iluminación puede entender porque, como comúnmente decimos, es harina de otro costal. Hasta el día de hoy, penosamente podemos decir, la palabra libertad a los humanos en general nos ha quedado muy grande, histórica e intelectualmente.

Desarrollo humano

En el proceso de evolución que los seres humanos hemos vivido a lo largo de nuestra historia, nuestro desarrollo ha sido parte constante de nuestra esencia. Aunque a veces nos pareciera que nos atoramos, que nos estancamos, la realidad es que nunca dejamos de evolucionar. Inicialmente de forma progresiva, pero después de algún tiempo de forma regresiva. Resulta una maravillosa experiencia si nos desligamos de nuestro entorno y tomamos nuestro paso por la vida desde una perspectiva de observación: Ser concebido, nacer, vivir, reproducir y morir. Todo este proceso es repetido por cada uno de nosotros -con excepciones en algunos aconteceres- durante nuestra vida, pero el proceso se mantiene; las variantes más fuertes, más notorias tanto físico-biológicas como intelectuales, se dan y se observan en largos periodos con muchos elementos básicos similares y a la vez muchos muy diferentes, del *Homo sapiens* al hombre del día de hoy, aunque seres similares a la vez extremadamente diferentes, son producto de procesos constantes desde hace millones de años. Hoy no es la excepción, seguimos evolucionando en esta era de enormes y tan variados avances. Es impresionante y conmovedor el solo imaginar la cantidad de posibilidades que se abren a nuestro desarrollo y evolución humana, así como la incidencia tanto físico-biológica como intelectual que vivimos en este entorno actual. Como ejemplo citamos algo muy simple: los métodos de enseñanza y aprendizaje en las escuelas de hace 10 años hoy son completamente obsoletos. Muchos de los alimentos que se consumían hace

50 años ya no existen o han sufrido modificaciones drásticas en su contenido, incluso su proceso de producción actualmente es completamente diferente, nuestra evolución es generalizada. Pudiéramos entender el proceso que dio inicio y desarrollo al hombre-bestia en su momento, desde nuestra distancia asumir sus necesidades de subsistencia básicas (hierbas y agua), continuar el proceso, dar un salto hasta ver al hombre ya envuelto en pieles durmiendo en cavernas y calentándose con fuego, ya con armas de piedra para su defensa o como herramientas de cultivo, grandes cambios sustanciales. La estructuración de la familia, el embarazo, el nacimiento, el crecer, reproducirse, morir y el ciclo continúa. El tiempo avanza, el hombre, su sociedad, evolucionan y cambian. Aparecen los idiomas, la escritura, nuestro cerebro crece, nuestras ideas crecen, las necesidades cambian, la vida nómada se vuelve sedentaria, todo cambia. Maravilloso el proceso, así de forma natural nos nace la inquietud para transmitir de forma diversa nuestra experiencia en el planeta, con la naturaleza y el entorno en nuestro tiempo específico, en cada rincón, en cada grupo étnico de manera muy única, pintura, jeroglíficos, dibujos, escrituras, etc. En la actualidad no somos la excepción, ya viajamos por el espacio, llevamos una identificación que suponemos nos identifica, nos presenta como humanos frente a posibles seres de otros planetas u otras galaxias. Que nos entiendan, identifiquen o encontremos la forma de comunicarnos hoy en este 2016, aun no lo sabemos. Aunque hay quienes nos aseguran que ya tenemos comunicación y contacto con extraterrestres por llamarles de alguna forma, públicamente aún no

está confirmada tal aseveración, por lo tanto, debemos considerarlo tan solo una especulación, como muchas que se dan en este tipo de situaciones. Podemos claramente aceptar que, a lo largo de nuestra historia como humanidad, muchos de nuestros avances se han dado por sobre todas las cosas en base a nuestras necesidades más que por estrategias planeadas; aventurado sería asegurar una fecha o un periodo exacto de cuándo el hombre ya de forma inteligente y organizada empieza a cuestionarse su forma de ser, actuar y contemplar su posible desarrollo humano de forma consciente, con objetividad para ser, para dar lo mejor de sí mismo. Hoy en pleno siglo XXI para muchos de nuestros hermanos este asunto sigue siendo un tema tabú, difícil de contemplar y aceptar, seguimos en una zona confortable entendiendo, aceptando que somos como somos, porque así somos... uno de los más grandes miedos que nos aterrorizan es el cuestionarnos a nosotros mismos. La entereza, disposición requerida, es mucho pedir para muchas personas. Este proceso de evolución natural nos ha mostrado que aun en tiempos remotos -pensaríamos arcaicos desde nuestra perspectiva de hoy- la lucidez brillante del cerebro del ser humano, más en los menos que en los más, siempre ha tenido un lugar preponderante en el desarrollo personal de la humanidad. Inicialmente organizándonos, alguien asumiendo responsabilidades de mando, protección de sus respectivos grupos nómadas, sedentarios después ya establecidos en comunidades, caseríos, pueblos, ciudades, las necesidades básicas se ampliaron, las responsabilidades se repartieron, todo con un continuo paso de evolución constante. Con el paso del tiempo se empieza a dar la especialización de conocimientos de una forma ya más ordenada. Sin embargo, siempre hemos tenido ciertos grupos de personas quienes desafortunadamente más han sufrido o padecido un atraso sistemático en este proceso. Por alguna razón biológica muchos tenemos dificultad para adaptarnos a una vida de constantes cambios desde nuestra infancia, el entorno familiar y comunitario tienen una incidencia muy fuerte creando y desarrollando una fuerza que nos asusta, nos aterroriza de manera inexplicable o desconocida para nosotros mismos; de forma equivocada creemos o nos hacen creer que así somos y nos aceptamos. Diagnósticos y autodiagnósticos erróneos, traumáticos o manifestados por personas no calificadas o con objetivos perversos, propician condiciones negativas que no contribuyen en lo más mínimo a sentar nuestro pensamiento, nuestra salud mental, en un estado neutral para iniciar nuestro recorrido y experiencia por la vida. Casos muy especiales y diferentes cuando nacemos con alguna enfermedad mental que nos dificulta o atrofia nuestro desarrollo y aprendizaje, entre los cuales ya algunos pueden ser tratados, corregidos o hacerlos manejables, gracias al avance del trabajo científico y tecnológico en el campo de la medicina que nosotros mismos hemos desarrollado y puesto en práctica para bien de la humanidad. Ya en una época más moderna, más organizada, con el establecimiento de gobiernos de diferentes formas, filosofías y programas, el desarrollo humano entra en una época más dinámica. Hasta tiempos recientes no era parte de programas de gobierno, resulta relativamente fácil entenderlo, conociendo y aceptando nuestro origen salvaje, cuando la imposición de poder, la sujeción, el control de la sociedad ha sido nuestra constante a lo largo y ancho del planeta, con luchas violentas no civiles, batallas, guerras, dividiéndonos en países, trazando fronteras, minimizando a quienes no son o no se ven como nosotros. Qué limitada es aun nuestra estima humana en esta época moderna, si queremos así llamarle, como para preocuparnos a fondo en el Desarrollo Humano Integral de la Humanidad. Un irónico análisis acerca de una de nuestras básicas preocupaciones sería el de las armas, tanto para protegernos de las bestias animales como para protegernos de nosotros mismos; a partir de las armas arcaicas de piedra, las hondas para lanzar piedras como proyectiles, los mazos con metal o piedras incrustadas, llegamos al uso de pistolas, rifles, metralletas hasta lo más moderno, pasando por la bomba atómica nos seguimos hasta los aviones, barcos de guerra, así como la enorme cantidad de misiles nucleares enfocados en todas direcciones hacia diferentes países. Tenemos que mantenernos bajo la amenaza de despedazarnos, de volarnos unos a otros, para poder convivir en una armonía salvaje de patadas por debajo y manotazos sobre la mesa, como verdaderos hijos de la mala, violenta vida. Irónico y a la vez bastante preocupante en el sentido de que después de millones de años, después de tanto pregonar nuestro humanismo, del desarrollo científico-tecnológico, la mayor deuda de la humanidad sin duda es con nosotros mismos, muy lejos estamos aún de nuestras más humanísticas posibilidades. Es de resaltar la movilidad que se ha dado en el planeta en los últimos cinco siglos con encuentros, desencuentros étnicos, raciales, conquistas, sometimientos, independencias, revoluciones, nuevas fronteras, nuevos países, nuevas formas de gobierno. La mayoría han tenido como objetivo trazar nuevas líneas fronterizas y formas de gobierno. Los liderazgos o héroes de estos aconteceres son más reconocidos por sus dotes militares y guerreras que por su alto sentido humanista, o su compromiso con el empoderamiento y desarrollo personal de sus ciudadanos, desde luego con sus muy grandiosas y valiosas excepciones. Todos estos movimientos junto a los bajos niveles de concientización de la humanidad, han tenido una nefasta incidencia en la forma de elegir a nuestros gobernantes, hasta el día de hoy muy pocos países se pueden preciar de estar enfocados en desarrollar a sus ciudadanos a lo máximo de sus posibilidades, de tenerlo sustentado en sus documentos constitucionales y en la práctica tener programas de gobierno efectivos y medibles, así como mecanismos establecidos que obstruyan abusos de las entidades gubernamentales. Practica horrible, quizás una falla de la democracia, es el juego de mayorías que tanto vemos en la actualidad, donde grupos de poder más allá de la legitimidad o de razonadas políticas públicas defienden posiciones de grupo en detrimento de la sociedad en general, en muchas ocasiones defendiendo lo indefendible o acusando lo no acusable, en un juego absurdo donde los maestros filósofos nos juzgarían de tontos útiles. Sin embargo, las sociedades democráticas son ya un avance en comparación con los estados policiacos o las horribles, temibles dictaduras tanto civiles como religiosas o militares. Nuestra evolución continúa a paso demasiado lento en los asuntos del desarrollo humano. Si enfocamos nuestra atención en la esencia del ser humano, de forma paralela podemos con curiosidad observar cómo hemos empujado nuestro desarrollo hacia las cosas materiales, de control y coerción de la población; debo compartir que cínicamente hay quienes ven el éxito de su paso por la vida en la mayor cantidad de dinero o bienes materiales que puedan poseer o en el poder y control que puedan ejercer sobre otras personas. Tal entendido dista un abismo en la percepción de éxito de los hombres libres, de buena voluntad. Ruego no interpretar esta aclaración como si estuviese yo en oposición al desarrollo económico o al ejercicio político público, nada más alejado de la realidad, firmemente creo que la libertad debe darnos, inspirarnos, y garantizarnos esa posibilidad de obtener los mejores beneficios por la creatividad, y la efectividad de nuestro trabajo; el límite lo marcamos nosotros mismos, aunque ya algunos han encontrado algunas formas legales e ilegales para, de forma desorbitada, acumular fortunas; creo que debemos poner algunas limitantes cuando ya se creció tanto, cuando las empresas se vuelven un monstruo comercial económico que, en esta forma de economía globalizada, solo contribuyen a monopolizar productos o servicios a nivel mundial, limitando a los emprendedores o microempresarios a iniciar negocios, lo mismo a las economías locales con la producción y venta de sus productos y servicios. De manera similar quienes aspiremos a servir en la administración pública, en las diferentes instituciones -y todos tenemos esa facultad, ese derecho-, debemos saber que se requiere de un alto sentido de corresponsabilidad con la sociedad a la cual pretendemos servir, mucho más allá de las ganancias económicas o de la posición dentro de la administración pública. Hay situaciones que se han prestado muchísimo para envilecer, y corromper a muchos de nuestros hermanos que ven en la administración pública el perfecto campo de cultivo para su perversidad y desmedida ambición. Sin embargo, no nos equivoquemos, la mayor incidencia de fuerte calado en nuestro desarrollo personal se da en el seno de nuestra familia, con mucho efecto específicamente en nuestra infancia, en nuestro tiempo de formación. Ambigua situación cuando jovencitos en tiempo de formación cometen crímenes que a los ojos de todo mundo resultan inaceptables, mientras que los padres no vemos los errores de nuestros hijos e incluso los defendemos, celebramos o buscamos a terceras personas como responsables de sus malos actos. Pudiéramos aducir que cada cual tiene su propia perspectiva y forma de ver, interpretar y vivir la vida, su democrático derecho y realidad, pero si intentamos una convivencia en armonía dentro del seno familiar y en sociedad, el respeto mutuo es una norma básica funcional que, estimulada y practicada desde temprana edad, puede tener efectos duraderos de largo alcance; nada garantiza buenos resultados, pero como en todas las actividades, las buenas prácticas muy probablemente nos den mejores resultados, y los humanos no somos la excepción, pero tampoco somos unos angelitos. La educación entendida de forma integral está mucho más allá de lo que pudiera ser una formación académica formal, es una práctica de aprendizaje que no tiene una fecha de graduación, es una constante a lo largo de nuestra vida. La realidad de los cambios que

vivimos no nos permite cerrar nuestra puerta a la información que hoy tenemos disponible, lo cual nos obliga a replantear las formas de enseñanza y aprendizaje tanto el propio, el de nuestros hijos y nuestra familia, así como nuestra comunicación, relación y entendimiento con nuestra comunidad y el mundo entero. Surgen nuevos, diferentes retos de las familias, las instituciones escolares y gubernamentales. La sociedad hoy es muy diferente, con cambios muy drásticos al interior de las familias, la información es todo un acontecimiento de trascendencia mayor, de lo cual aún es muy temprano para ver su incidencia en la humanidad. Preocupante sin embargo es la facilidad y el abuso que se ejerce por la apertura de tanto nuevo método y medio de comunicación, especialmente por la desinformación que se genera y el latente peligro para personas en estado o situaciones vulnerables, como los niños, mujeres, o adultos mayores, que en ocasiones con mucha facilidad son enganchados a través de las redes sociales o el internet. Con el fácil acceso a los teléfonos celulares los niños están en una situación ambigua y de vulnerabilidad, por un lado, todos los padres deseamos que ningún chamaco se quede rezagado del acceso al conocimiento y uso de las herramientas tecnológicas disponibles para su desarrollo integral; por el otro lado en estos nuevos tiempos, con los nuevos retos que atender, hay que cuidar que aprendan a usar bien tales herramientas tecnológicas.
Desafortunadamente muchos padres de familia, por muchas y diversas razones estamos completamente fuera de la jugada en la formación, y educación académica de nuestros hijos, pues, aunque somos de la misma familia, existe un

abismo generacional entre padres e hijos, con caminos, principios y valores completamente diferentes. En nuestros hogares debemos insistir en promover, y cultivar la educación, inculcar principios sólidos con los valores humanos que sustentan la esencia de la humanidad y fraternidad para nuestra sana convivencia en armonía. No es momento de claudicar, es momento de redoblar esfuerzos, el nuevo modelo humano con la generación actual está en pleno desarrollo, sería un error garrafal de la raza humana el mecanizar o robotizarse a sí mismo; aunque muchas políticas públicas, la tecnología y la ciencia en muchos sentidos, pareciera ser que es hacia donde nos quisieran llevar. Es lo que ocurre precisamente con nuestros chamacos, fácil resulta darnos cuenta por la mecanización, y la digitalización de la enseñanza en las instituciones educativas, ya que tal es la educación académica de hoy en día, y ante lo cual quienes mantienen los métodos de hace 20 o 30 años, hoy ya son considerados arcaicos, no aplicables. ¿Cómo carajos podemos imaginar a un maestro de cualquier escuela primaria en cualquier parte del mundo que no sepa usar una computadora?, nos resulta incomprensible e inaceptable. Tenemos un compromiso colectivo, humanista y tecnológico, de inserción e integración. Urge incidir en la niñez por todos los rincones del mundo, con una mejor calidad de vida. Sumémonos a los grandes esfuerzos que se están haciendo, aún tenemos muchos enemigos gratis, tan solo por nuestra forma de pensar. Duele, lastima y da tristeza el saber que aún tenemos gobiernos que basan y sustentan su poder en la pobreza, ignorancia, desconocimiento y opresión de sus ciudadanos;

esos gobiernos intentan, tratan por todos sus medios posibles evitar que estas herramientas de conocimiento se hagan accesibles, disponibles en sus respectivas comunidades. Aquello que antes nos costaba tanto trabajo obtener, el acceso al aprendizaje o al conocimiento, hoy en nuestro teléfono a cualquier hora del día la información ya está ahí, disponible. Nuestra comprensión de libertad sin duda también está viviendo una evolución, una transformación fenomenal, la rigidez de las filosofías políticas, económicas, sociales que se nos vendían como verdades absolutas hace poco tiempo, han perdido su sustento, ya no podemos defender ideologías o políticas públicas indefendibles ni acusar solo por nuestras pistolas, tales prácticas las vemos cada vez más aisladas e incoherentes. El mundo reclama, pide, exige a gritos gobiernos democráticos, alejados completamente de doctrinas y prácticas partidistas ortodoxas. Se exige que la administración pública sea plenamente ciudadana, abierta, transparente y efectiva. Cada vez más, por su rigidez y limitantes, las organizaciones políticas partidistas pierden sustento y atractivo entre los jóvenes, pues éstos valoran su libertad de una forma muy especial, por nada del mundo comprometerían su futuro apostándole a escalar posiciones dentro de un partido político. Frente a ellos tienen todo un amplio abanico de posibilidades en el mundo de las empresas privadas, entre más actualizados y de punta sean sus conocimientos, mayores sus posibilidades empresariales o de empleo tanto en el país de origen o en diferentes partes del mundo. El gran favor que nos está haciendo la información y la comunicación es el derrocamiento de muchas fronteras imaginarias, que nos habían impuesto de forma arbitraria durante algunos siglos, por razones que, vistas desde nuestro tiempo y espacio, cada vez nos resultan más incongruentes. Justo y necesario es reconocer a los grandes estadistas, empresarios, activistas sociales, así como a la gran cantidad de jóvenes innovadores que con su creatividad y entusiasmo están cambiando el mundo de forma no violenta, poniendo en práctica y uso muchos de sus inventos, compartiendo logros e ideas en sus redes sociales con otros jóvenes en diferentes partes del mundo, presionando de forma natural y pacífica a los gobernantes que mantienen aspiraciones y prácticas caciquiles o dictatoriales. El desarrollo humano integral es uno de los elementos básicos que tendremos que insistir en cuidar, mantener de forma actualizada, con todos los avances, pues en él nos va nuestra esencia humana. La deshumanización es la otra opción posible, y quizás algunas personas abogarán e intentarán llevar a la humanidad por esa ruta. De forma muy mía, muy personal, insistiré en darnos la oportunidad de dar lo mejor de nosotros mismos, creo que aún no nos hemos dado la oportunidad de mostrar lo grandioso que podemos ser, estamos en el proceso de conocernos a nosotros mismos, un paso inicial muy doloroso pero necesario para aceptar con entereza nuestro origen, aceptarnos tal cual somos, con un poco más de sabiduría, con un universo interno aún por descubrir y conocer. Merecemos la oportunidad.

Desarrollo Económico

Históricamente ponernos de acuerdo, aceptar y poder plasmar en un documento el tipo de sociedad que deseamos en nuestro país, partiendo desde nuestra independencia hasta el día de hoy ha sido imposible. Guerras, batallas armadas, legales, violentas entre nosotros mismos lo han impedido. Tal situación países y políticos extranjeros con mucho colmillo en asuntos internacionales y bélicos la han aprovechado muy bien en su momento, para lastimarnos, invadirnos, buscar tomar control de nuestro destino; y es que les damos la oportunidad, la razón con nuestras necedades y conflictos internos. Propiciamos una situación caótica en casos extremos, con diferencias tan marcadas que incluso en el colmo de nuestras inconformidades hemos pedido, buscado, que vengan a gobernarnos de fuera. Después de una lucha de independencia con todas sus tragedias e historias, que hoy a lo lejos, bastante tiempo después, nos parecería sumamente incoherente porque el objetivo era nuestra libertad; aclaro que no es la intención hacer un juicio a hechos históricos, es solo uno de los muchos ejemplos -a lo largo de nuestra historia- de la falta de voluntad o capacidad para integrarnos todos bajo preceptos legales, justos, que se nos apliquen a todos de forma equitativa, nos den armonía para impulsar nuestro país y sus ciudadanos a una mejor calidad de vida. Hasta el día de hoy insisto, podemos decir que no hemos encontrado la fórmula, ni el mecanismo que nos marque esa pauta a seguir. Muchos sectores y actores de nuestra sociedad aún cargan en su espíritu, por alguna razón muchas veces inexplicable, odio, rencor y violencia hacia todo lo que significa evolución, trabajo o desarrollo. Existe una cerrazón atroz que pareciera indicar que el objetivo siempre será destruir o impedir todo lo que sea innovación y cambio, frases como: "Atrevernos a creer en nosotros mismos, ser, dar lo mejor de nosotros mismos", no tienen la menor cabida en la mente de muchos de nuestros hermanos, desafortunadamente. Pareciera que tenemos muchas dificultades para sacudirnos la pobreza económica que hemos arrastrado por siglos, de la mano de nuestra pobreza mental; ambas aún tienen un fuerte y decisivo peso en nuestra conciencia nacional, nos anclan a un pasado doloroso, a una herida abierta que insistimos en no sanar. Los sabedores de estas cosas - consideradas innatas- nos recomiendan inicialmente que de forma individual aceptemos nuestra cruda realidad, reconociendo lo mismo nuestros errores como nuestros aciertos, tanto las debilidades como las virtudes, y en resumidas cuentas identificar lo positivo y lo negativo, de ahí en adelante partir con una nueva mentalidad, nos dicen con mucha razón, porque ese pasado ni Dios lo arregla. Aquí yo agrego lo maravilloso que sería aplicar esta difícil, pero sencilla fórmula, de forma colectiva, en sociedad... a nosotros los mexicanos especialmente nos haría un bien muy sustancial. ¿Que tenemos historias muy trágicas, difíciles de olvidar en nuestra conciencia nacional?, pues indudablemente, pero tenemos que recordarlas, conmemorar con el debido honor y respeto, pero hasta ahí, no son necesarias borracheras de dolor ni crudas de pesadumbre. Nuestros héroes nacionales desde donde quiera que se encuentren sonreirían, se darían por satisfechos de ver que sus sacrificios han generado los resultados por los que ellos lucharon, por los que muchos de ellos dieron sus vidas; con solo imaginar que vieran lo contrario, seguro se vuelven a morir, pero quizás esta vez de depresión y tristeza al ver que luego de tanta sangre y violencia, mucho tiempo después seguimos sin ponernos de acuerdo en las cosas más mínimas, en las que nos proyecten tanto individualmente, como en sociedad y país. Hay saboteos, muertes, reclamos, insultos, violencia, en temas tan básicos como la educación, la justicia, la libertad, la democracia, los derechos humanos básicos, que por siglos no hemos podido atender, menos resolver de manera satisfactoria para nosotros mismos. Existen fórmulas que sustentan el desarrollo integral básico tanto de forma individual como en sociedad, que si las apreciamos con simpleza y sencillez nos resulta difícil encontrar quién pudiera oponerse a tal fórmula, estructura legal y constitucional, pero desafortunadamente no somos unos angelitos, y quizás no hemos tenido hasta hoy la lucidez o los medios para compartir, para hacernos entender que sí es posible tener un país, una sociedad con un sistema de gobierno ciudadano equilibrado, y poder documentarlo, y establecer mecanismos eficientes para su ejecución. Es por demás emocionante el concebir la idea de tales posibilidades, pero nuestra realidad es cruda, de ahí debemos partir. El desarrollo económico en nuestros libros de historia es un tema o asunto que monumentalmente brilla por su ausencia, por alguna razón muy de fondo hasta cierto punto se ha satanizado en términos generales; ay de aquel individuo que se quiera atrever a ser emprendedor, imaginativo, creativo, que se atreva a tener éxito, pues de antemano lo condenamos al ostracismo, al destierro si estuviese en nuestras posibilidades. Por mucho tiempo se ha intentado e insistido en minimizar, en devaluar al individuo. Se le da la mayor proyección y enfoque al Estado como la máquina que debe manejar todos los asuntos empresariales, económicos, comerciales, y ser una fábrica de empleos, etc., error mayúsculo si hemos de aspirar a tener una sociedad vibrante y emprendedora. Dándole un vistazo a grandes rasgos a nuestra historia, quizás una época en la que más evolucionamos, fue bajo la dictadura del general Porfirio Díaz, pero con un alto costo humano, en un sistema completamente antidemocrático. Resulta difícil entender por qué no hemos cultivado, promovido el desarrollo económico democráticamente, ¿por qué esa torpeza institucional? Somos tan egoístas y perversos que al gobernar trabamos, detenemos lo que debiera ser uno de nuestros objetivos básicos: ¡Desarrollar económicamente nuestra sociedad! ¿Seremos tan perversos y malos que preferimos volvernos unos gobernantes que nos ensalzamos, vanagloriamos regalando despensas, desarrollando programas de asistencia social como políticas de Estado, y con ello perpetuando la pobreza, ignorancia y dependencia? Identificando nuestra tendencia ideológica podemos observar que hemos gastado, y seguimos gastando nuestra energía en asuntos ideológico-políticos, más de imposición que democráticos. Seguimos coartando la libertad, restringiendo las posibilidades del desarrollo individual con vertientes hacia una sociedad autoritaria, utópica, del pasado, buscamos regresar a ese pasado tan bello, maravilloso, que pensamos era nuestro pasado, quiero pensar en ese pasado previo a la Conquista. Como consecuencia nos resulta muy difícil abrir nuestros sueños hacia el futuro, porque ello entraña una traición a nuestra historia, a nuestro pasado, he aquí una de las mayores urgencias necesarias de reconciliación nacional en nuestro consciente y subconsciente de sociedad. Es imposible aspirar al futuro con una mentalidad anclada al pasado, mal entendida, de seguro nuestros antepasados nos urgirían a dar ese salto a la modernidad, a dar y ser lo mejor de nosotros mismos. Tenemos que librar esa batalla interna, ganarla, creer firmemente que tenemos ese derecho sagrado a una buena calidad de vida, basada en el trabajo creativo, eficiente y productivo, sin importar nuestro origen o historia familiar, todos lo merecemos no debe haber la menor duda. En este salto de calidad y entendimiento propio, echamos a andar nuestras posibilidades de forma integral, con razones tan básicas como la lucha para encontrar esa paz interna tan necesaria, y digerirla, transformarla en nuestra expresión hacia nuestro exterior, un trabajo simple si encontramos la humildad, entereza, voluntad y disposición para aceptarnos a nosotros mismos con nuestra cruda realidad. Alentador resulta ver sociedades, países donde al ser humano ya se le ha garantizado su empoderamiento constitucional, con lo cual su libertad se enriquece sustancialmente frente al Estado; su desarrollo integral se fortalece hacia el futuro más allá de ciclos gubernamentales o administrativos, con ello se activan, se multiplican muchas de las fuerzas creativas innatas de los ciudadanos, su sociedad florece, evoluciona, mejorando su bienestar común. Caso contrario ocurre cuando el ciudadano es minimizado, desposeído constitucionalmente frente al Estado, ya que los fusibles del poder de creatividad humana se funden, se apagan, se reducen a sus niveles más bajos; la imaginación sufre de insomnio, no se atreve. Dos asuntos básicos para aspirar a un desarrollo económico sustentable de cualquier sociedad deberán atenderse: Debe establecerse tanto filosófica como legalmente en los documentos que regirían su funcionamiento, garantizando así la libertad del ciudadano de dar vuelo a su imaginación y creatividad; la segunda filosóficamente desarrollar, promover y preparar al ciudadano para dar lo mejor de sí mismo, bajo un resguardo y garantía constitucional; son simples conceptos que sin embargo resulta difícil asimilar después de tantos siglos de luchas, batallas, guerras internas y externas encaminadas en la dirección equivocada, las más de las veces buscando la sumisión, opresión de unos a otros, con gobernantes más preocupados en su sobrevivencia temporal de poder, que en desarrollar políticas integrales de Estado, de empoderamiento de sus ciudadanos. Desde mi espacio veo oportunidades perdidas trágicamente para encauzar la humanidad a mejores niveles en nuestra calidad humana y de vida, por causa de la ignorancia, mala voluntad, desconocimiento o de plano yo no entiendo lo que es gobernar, que supongo es para servir, crear las condiciones necesarias para que los ciudadanos se desarrollen, den lo mejor de sí, en un entorno de seguridad y armonía. Caso contrario ocurre en muchos países donde la opresión de la ciudadanía ha sido la norma por extendidos periodos, bajo esquemas y filosofías gubernamentales diferentes, pero con el común denominador de la opresión. Sin embargo, con la globalización de la economía muchas de las barreras comerciales, de aranceles, poco a poco se van cayendo; el mundo empieza a cambiar, la tecnología se hace presente en los lugares más rezagados del planeta, con ello la información entra de lleno en una nueva dinámica mundial. Desafortunadamente en este proceso inicial aún hay vicios y abusos extremos de grandes corporaciones con presencia internacional, que son quienes han tomado la iniciativa de inversión en este nuevo orden económico en proceso; pudiéramos pensar bajo las más estrictas reservas que ese capital debiera servir como capital semilla para detonar esas economías rezagadas, tan necesitadas de inversión. Nadie puede ocultarnos la imperiosa necesidad de desarrollar económicamente muchos rincones del mundo, no es posible cerrar nuestros sentidos ante los millones de personas que aún viven con menos de un dólar por día, en lugares muy diversos, distantes unos de otros, con culturas muy diferentes. El asunto económico trasciende fronteras, va más allá de filosofías políticas con sus diferentes doctrinas. Debemos cuidar con mucha sensibilidad las políticas públicas, si habremos de avanzar hacia una sociedad más equitativa, debemos insistir en evitar cualquier tipo de extremismo y abuso, una buena dosis de humanismo tiene que estar presente en esta nueva apertura comercial, desarrollando, estimulando el comercio y empresariado local en los diferentes países del mundo. La historia económica es muy clara en ese sentido, la columna vertebral de las economías fuertes han sido, siguen siendo, las microempresas y de medio nivel, generadoras de una gran cantidad de empleos, sostén importante de la clase media económica. A toda costa por justicia, mirando hacia el futuro, tenemos que evitar crear monstruos comerciales económicos que todo lo devoran. Hay que impulsar una más justa, democrática y equitativa distribución de la plata, es posible y necesario. Es imperioso hacer ajustes en las políticas públicas, incluso en países desarrollados del primer mundo donde por múltiples razones se crean zonas muy densas de pobreza -zonas ricas con mucha pobreza- difíciles de erradicar, con problemas muy de fondo; ante ello con mucho dolor, pero con mucha entereza es necesario un diagnóstico crudo de nuestra realidad. El ser humano que es sujeto de una pobreza mental atroz que lo ciega, está impedido de salir de este círculo vicioso que surge con la ignorancia, la pobreza económica, la falta de salud y enfermedades, en fin, toda una serie de tragedias humanas; y lo peor de todo esto es que muchas veces ocurre en medio de zonas desarrolladas económicamente, con fácil acceso a posibilidades de movilidad social, solo faltando ese gran elemento tan necesario que es la voluntad, la disposición propia. Asimismo en otros lugares del mundo, los programas de asistencia social consumen una gran cantidad de recursos humanos y económicos, en la supuesta atención de personas en situaciones vulnerables y de pobreza extrema, con el componente mayúsculo que se vuelven parte de una perversa política pública de Estado, dando continuidad generacional al problema que se busca resolver, sirviendo de forma paralela como sostén y herramienta electoral para partidos políticos y gobernantes; y encima con el agravante de que este tipo de programas se vuelven un barril sin fondo en los presupuestos de los diferentes órdenes administrativos, así como el entorno se presta perfectamente para una corrupción generalizada de los involucrados. Es un problema muy grave, de fondo, ante el cual la humanidad y gobiernos en general aún no hemos podido encontrar la fórmula para dar una adecuada atención a esta situación de muchos de nuestros hermanos. La educación pública hasta hoy ofrecida a la población, sin duda es un paso inicial fundamental, así aquellos que tenemos disposición innata para recibirla, ya estamos en el camino hacia una posible movilidad social; problema aparte son aquellos que no tienen esa disposición o facultad por razones diversas, que de alguna forma hay que intentar e insistir en integrarlos a una posible movilidad social, a una vida productiva, y por ende a una mejor calidad de vida. Retos enormes que como humanidad tenemos frente a nosotros, donde nadie queda exento, ni los países económicamente fuertes, desarrollados, pues éstos también tienen sectores de ciudadanos y comunidades rezagadas. Desafortunadamente es muy difícil incidir en aquellos ciudadanos que ante iniciativas o políticas públicas que buscan integrarlos a una vida productiva, responden o reaccionan con violencia, incluso a cosas tan básicas como son el establecimiento de escuelas elementales o clínicas de servicios médicos; siempre lo refiero yo como el salvajismo humano en su máxima expresión, ante esos miedos del subconsciente tan extremos que ciegan nuestros sentidos debemos encontrar una fórmula, una luz, un medio que toque esas vibras salvajes, toscas, que nos incitan a responder con violencia; interesantes por demás somos los seres humanos.

Caso contrario ocurre de quienes conociendo esta situación aprovechan para abusar de las más diversas formas de estos individuos, comercial o políticamente, desde la esclavitud moderna, el transporte, consumo y venta de drogas, la trata de personas, hasta el consumo de productos adictivos, nocivos a la salud, todo un submundo de actividades negativas. En este renglón de condiciones y situaciones son muchos los gobiernos que han fracasado en sus programas o políticas públicas para combatir la pobreza, el rezago y activar un desarrollo económico sustentable comunitario; es una tarea titánica, difícil, complicada, pero no imposible, por lo que tenemos que seguir intentando, incluso insistiendo muchas veces, para mejores resultados de un individuo a la vez. Hay factores sumamente importantes, de consideración a la hora de hablar de desarrollo económico, uno de ellos es la solidez o volatilidad de la moneda de determinado país, en el caso nuestro el peso mexicano. Me fusilo la siguiente frase que escuché hace ya mucho tiempo, la cual nos dice que en el valor de la moneda se refleja la confianza que hay en el gobierno. Como constatamos diariamente, vivimos con el Jesús en la boca, con una constante preocupación. Tan inestable es nuestra moneda que llegamos al grado de darle una flotación constante como medida de estabilidad en relación al dólar americano por citar solo esta moneda, pero no podemos pedirle peras al olmo si consideramos las herramientas que nuestras instituciones de hacienda, economía y finanzas tienen a su alcance. La infraestructura productiva del país está aún en su infancia, somos una sociedad con una gran mayoría sin interés empresarial, se tiene un capital humano muy limitado en torno a las nuevas líneas de empresa y empleo encaminadas a la tecnología en sus diversas ramas. Así, el entorno es difícil, complicado para competir en una economía globalizada. Nuestros gobiernos aun con todas sus deficiencias, errores, corruptelas y demás agravantes tienen ante sí una realidad cruda y difícil. Por más esfuerzos, maniobras económicas y financieras que intenten mientras no sumemos, mientras no multipliquemos nuestra capacidad productiva de forma integral como país, nuestra moneda seguirá flotando en los vaivenes de la especulación perversa de los capitales y sus flujos. Don Melchor Ocampo con mucha razón nos decía que el desarrollo económico requiere de una serie de políticas públicas que se complementen entre sí. Tenemos como mexicanos la enorme responsabilidad de entender y aceptar estas simples normas si hemos de aspirar a elevar la calidad de vida de nuestra sociedad, lo merecemos sin duda. De la mano de las políticas económicas, fiscales y financieras, las políticas de crecimiento económico deben ser toda una fortaleza fundamental de y para la sociedad, en especial para los sectores productivos; deben ser sólidas en todos los ámbitos a corto, mediano y largo plazo, con mediciones de efectividad constante. La puesta en marcha de proyectos y programas en tiempos electorales, ya deben ser cosa de nuestro pasado, de nuestra historia. Los números muy difícilmente nos mienten si hacemos las sumas o restas de forma adecuada. Esperar que burócratas de escritorio -sin la menor experiencia empresarial, tan solo llenando cuotas o espacios partidistas- estén preocupados por hacer funcionar y hacer crecer la economía, es darnos de balazos en los pies nosotros mismos. Antes de terminar quiero enfatizar en la necesidad de estimular la creatividad para innovar, producir y consumir los productos o servicios que nosotros mismos cultivamos o producimos como un método básico de estímulo a las economías locales. Las micro y medianas empresas son el mejor mecanismo para activar, o reactivar cualquier economía, por ello la simplificación de trámites para la apertura o para el mantenimiento de empresas debe ser una realidad, el emprendedor, empresario o inversionista debe ver en las autoridades municipales, estatales y federales a aliados, no enemigos. La responsabilidad de un gobierno es crear, y mantener las condiciones para que sus ciudadanos se desarrollen al máximo de su potencial. Entre menor sea la injerencia de las autoridades en los negocios privados estos funcionarán mejor, claro, respetando y cumpliendo con las debidas responsabilidades legales, financieras y hacendarias. Las remesas que enviamos desde el exterior sin duda seguirán creciendo y es necesario un plan maestro de inversión de las mismas como detonante productivo, nuestras posibilidades son emocionantes, sumemos.

El fanatismo político en el partidismo

Para el animal Alpha, en su medio, es norma considerada y aceptada que los miembros de su especie lo preparan, recibe un trato preferencial e incluso existen aquellos a los cuales se les considera de una clase social alta entre los animales. En los animales sociales el macho Alpha es aquel al cual se le sigue y se le brinda respeto, lo cual consigue a través de feroces batallas. Nosotros, aunque somos humanos, esencialmente seguimos siendo animales, de ahí la importancia de este razonamiento. En los esfuerzos que el ser humano ha hecho a lo largo de su historia por encontrar alguna forma funcional de gobernarse, podemos claramente ver la analogía en ambas especies. En nuestro caso, dentro del proceso de nuestra evolución, hemos pasado por varias épocas y experiencias de muy peculiar atención. A propósito del hombre Alpha, gobernante o jefe en turno, se cultivó el mito de que era designado por un dios o varios dioses en grupos politeístas, e igual como con los animales sociales, se le consideraba a él, a su estirpe, de una clase social alta, única. Una clase social designada, elegida por obra sagrada, para gobernar eternamente. Con mucho respeto en cualquier analogía con las actuales monarquías, es solo coincidencia, nos encontramos con la novedad que democráticamente algunos pueblos eligen, votan, para mantener este tipo de gobierno y estructura institucional. Evolución tan interesante la nuestra. Al irnos conociendo, lentamente vamos rompiendo paradigmas, paso de enorme trascendencia humanista al poder sacudirnos imposiciones y control, sustentados en nuestros miedos, ignorancia, y falsas creencias. Con el debido honor, respeto y la más profunda humildad qué gran favor a nosotros mismos el poder quitar ese trabajo a dios o dioses, y asumir nuestra responsabilidad de elegir a nuestros propios gobernantes, salto cualitativo mayúsculo. Esta batalla la hemos arrastrado hasta nuestros días, aún en este 2016 nos cuesta mucho trabajo desligar por completo las funciones laicas de nuestros gobernantes con los entendidos religiosos diversos, que tienen toda una serie de variantes e incidencias muy profundas; con sociedades aún bajo ese razonamiento donde el fundamentalismo religioso se toma y aferra al poder público, e intenta contener esa evolución natural del hombre por medios de coerción bruta y violenta generalmente. Nuestro proceso de evolución humana es muy claro y transparente, si nos prestamos al entendimiento de nosotros mismos. De forma muy paralela, pero con la misma fuerte connotación, son las dictaduras con sus diferentes variantes, religiosa, militar, incluso laica. Qué problema tan de fondo encontrar una fórmula idónea aceptada para gobernarnos de forma armoniosa, oh la humanidad ante estas situaciones… es donde me atrevo a explayar mi razonamiento. Que la humanidad aún es joven, viendo nuestro recorrido y mirando hacia el futuro, estamos donde debemos estar, nuestra evolución continúa, nadie la puede detener. Razonamiento válido solamente si aspiramos a mantener esa evolución natural del hombre a ser, a dar lo mejor de sí mismo, en un entorno de libertad y armonía. ¡Empoderar al ser humano! Contrastes de ideas, diferentes opiniones sin duda alguna, entendidos de libertad tan diversos, incluso podemos poner la concientización humana en parámetros diferentes, eso somos. Algunos filósofos clásicos de hace solo 25 siglos, (considerando nuestro larguísimo historial) vinieron a darnos ideas de formas de gobierno y sociedad en un entorno más incluyente, con razonamientos donde se empiezan a manejar los términos democráticos, utópicos en varias de sus percepciones aun hoy en día, pero muy interesantes aplicables para una mejor forma de gobierno, sociedad, perfiles ciudadanos con sus respectivas características, con nomenclatura de cada cual; razonamientos que sin duda son un gran salto de calidad en nuestros entendidos de sociedad y gobierno. De forma muy personal asumo que es el inicio de la modernidad del ser humano, un clic mayúsculo en nuestro cerebro, sus posibilidades, todo lo que deriva del mismo con sus incidencias en la sociedad, ¡maravillosos acontecimientos! ¡Se cimbran los miedos, el salvajismo se retuerce de dolor, la lucidez empieza a germinar, a brotar, qué emoción! Sin embargo, nuestra evolución es lenta, la semilla está germinando, el proceso es largo, nuestros métodos de enseñanza y aprendizaje aún tienen fuertes limitantes que arrastramos en nuestro subconsciente, que por milenios nos ha guiado. El elemento principal aún hay que prepararlo: A los seres humanos comunes nos tomaron por sorpresa los derechos y responsabilidades que una democracia y empoderamiento exige, ¡uf!, nos parecen mucha responsabilidad y peor si a ello le sumamos los residuos que nos quedan aún de formas de gobierno de coerción y sometimiento en sus diversas expresiones. Pero las ideas y razonamientos de los clásicos se engrandecen al paso del tiempo, nos urgen a sumar energías, voluntades para el empoderamiento ciudadano. A todas estas experiencias que todos los pueblos de la humanidad hemos vivido, pudiéramos llamarles ejercicios gubernamentales y de administración pública; algunos pueblos ya con sustanciales avances en su desarrollo de empoderamiento ciudadano, administración y participación democrática, algunos otros -especialmente de grupos indígenas- han optado por ejercicios de gobierno comunal, basado en lo que llaman tradiciones y costumbres de ellos mismos, que les han funcionado en mantener su armonía y una cohesión social muy específica. Generalmente pudiéramos considerar la aspiración de evolucionar hacia una democracia representativa, donde el ciudadano vota en diversas formas y tiempos para elegir a sus gobernantes, dando fe con ello al programa de gobierno propuesto, sin embargo en los detalles de esta democracia representativa se genera toda una serie de pros y contras en su aplicación y funcionalidad, que van desde lo que se considera una mayoría hasta los tiempos que deben estar en funciones, las posibilidades de reelección, y toda una serie de consideraciones que requieren de mucha sabiduría y voluntad para su sano funcionamiento. Desafortunadamente la misma se degenera cuando la aspiración al servicio público se torna en una lucha por el poder mal entendida, la imposición de ideas y el control de la sociedad se vuelven un juego perverso, ellos contra nosotros, nosotros contra ellos, espectáculo dantesco que en ocasiones raya en locuras proponiendo, o defendiendo posturas irracionales e indefendibles; curioso juego vicioso bajo el título de democracia que hemos heredado de generación tras generación, al cual le hemos puesto una gran fachada con reglas implícitas y explícitas. El absurdo de una democracia rancia que saboreamos, nos deleitamos tanto siendo partícipes, espectadores, réferis o simples comentaristas. Todo un espectáculo al alcance de todos, para todos, de fácil acceso, sustentado y respaldado de forma institucional. Desafortunadamente hemos constatado históricamente cómo muchos enemigos de las más elementales aspiraciones humanitarias, de servicio social, se han aprovechado de las bondades de la democracia participativa para acceder al poder, ocultando sus perversas intenciones de opresión y control. Asunto complicado y completamente diferente es entrarle al mundo de las ideas, propuestas de políticas de Estado, transparencia, eficiencia, responsabilidad, debates sustentados en ideas firmes, razonadas, normas, reglas o iniciativas de empoderamiento ciudadano, que al final del día es nuestro objetivo supremo. Si aspiramos a ser una sociedad con parámetros de armonía y éxito, establecidos dentro o fuera de la administración pública, el mejor y básico sustento tiene que empezar en lo individual para trascender a la sociedad y a la misma administración pública. Justo es reconocer los principios y valores básicos que sustentan y dan valor al individuo, justo es valorarlos, premiarlos en su apropiada dimensión, más allá de tiempos, modas, sistemas políticos o de gobierno. Seguimos librando batallas constantes que parecieran eternas para encontrar y establecer métodos de gobierno que en armonía elijamos, regalo subcultural y empírico que con muchísima facilidad nos heredamos de generación tras generación, con sus debidas, grandiosas y reconocidas excepciones de brillantes hombres y mujeres que con sus ejemplos e ideas dan validez a esta humilde opinión. Como sabemos nuestra historia -la de México- como país independiente se da con una división profunda de ideas, incluso en el tipo de país que inicialmente queríamos no se pudieron poner de acuerdo nuestros próceres en los documentos épicos de su momento. Asesinatos, desconocimientos, revueltas, batallas, guerras la mayoría de las veces internas, en ocasiones con otros países que se invitaron solos, aprovechando nuestra endémica pobreza institucional; hechos más que lamentables cuando mostramos nuestro odio hacia nosotros mismos, hacia nuestros propios hermanos mexicanos, pues en el colmo de nuestra ignorancia apoyamos, ayudamos al enemigo por la simple razón de pensar diferente que nosotros... pobres de nosotros al no aceptar ni reconocer que aunque comemos, vestimos iguales, incluso siendo hijos de padres y madres que son iguales, todos, cada uno, cada cual pensamos y sentimos diferente. Pobres de nosotros, ignorancia extrema la nuestra. Complicadísimo nos ha resultado encontrar una fórmula que nos dé cohesión -considerando nuestras diferentes formas de pensar- y plasmarla, respetarla y que nos guíe como nación en armonía. Considerando toda nuestra historia, con todas las experiencias vividas pudiéramos con humildad reconocer que son muy pocas las ocasiones que hemos mostrado unidad como país frente al mundo, frente a nosotros mismos; la hemos mostrado sobre todo en momentos de tragedia. Resulta irónico que incluso en familia se nos olvidan nuestros problemas interpersonales cuando se nos presenta una tragedia, aplicable en lo individual como en sociedad, y como muestra ahí está el terremoto de 1985 (cuando el pueblo se mostró unido, solidarios unos con otros). Pero pasada la tragedia volvemos a la carga con nuestras denostaciones tanto personales como en sociedad, por lo que hoy podemos decir sin lugar a equivocarnos, que el auto castigo o denostación es el primer deporte nacional mexicano, seguido por el futbol soccer. Considero urgente que antes de morirnos quienes nacimos en el siglo XX tengamos la oportunidad de celebrar el Primer Evento de Unidad Nacional Mexicana, aceptando, celebrando y reconociendo nuestra diversidad; incluyendo a todos aquellos que han llegado a nuestro país, tanto como los que han emigrado, cada ser humano es diferente en su comprensión, en su percepción del mundo. Cuando aceptemos que podemos vivir, y convivir de manera pacífica y en armonía, será un Día Glorioso para los mexicanos, para el mundo, para quienes nos aprecian, y doloroso, muy doloroso para quienes no nos quieren. Bonito el sentir las mariposas en el vientre de solo concebir las ideas, las posibilidades de encontrar la fórmula sobre la que podamos establecer una unidad nacional que nos guíe hacia el futuro, fortalecidos en nuestra diversidad de ideas con un enfoque único que nos lleve a la liga de las sociedades de primer nivel. Tenemos que insistir en dignificar, y hacer eficiente nuestro partidismo político. La fragmentación de la sociedad que esta práctica genera, es sumamente alarmante, como justificar que se lleven a cabo elecciones con una gran cantidad de candidatos partidistas donde hay una cantidad de votantes muy pequeña, para puestos públicos meramente administrativos que no tienen el menor tinte político o ideológico, y sin otra posible opción más que el sistema multipartidista que actualmente nos rige. En nombre de la democracia participativa, abusando de nuestros aprecios, perdemos de vista la efectividad de un sistema electoral funcional para elegir gobernantes, quienes debieran administrar más allá de posturas, diferencias, preferencias o interpretaciones ideológicas, ya que nuestro actual modelo de país está definido de forma inconfundible, en nuestra Constitución. Con estas definiciones bien explicadas y entendidas resulta absurdo que a las elecciones municipales le impongamos un tinte partidista, cuando absolutamente nada tienen que ver de político, sino plenamente administrativo y de gestión; qué carajos tiene que ver la filiación partidista de cualquier alcalde cuando el llevar servicios básicos a su comunidad debe ser una de sus prioridades, o el gestionar para crear las condiciones para que vengan empresas a instalarse en su municipio, y así toda una serie de incongruencias. Como podemos ver la falla se inicia en el origen y funcionamiento del mecanismo de elección, que sin duda se da por el abuso que damos a la democracia partidista, la facilidad para registrar partidos políticos, como lo hemos experimentado, donde individuos y familias llegan a poseer partidos políticos como si se tratara de una concesión para un negocio particular, sin duda abrimos la puerta a toda una cascada de corrupción sancionada, aceptada legalmente por toda nuestra sociedad, por nuestras instituciones gubernamentales. Quienes saben de legalidades, con razón argumentarán que mientras sea legal es permitido hacerlo, sin embargo, es sumamente claro que no todo lo que es legal es correcto para nuestro bien, situaciones, condiciones diversas pueden darse donde incluso se legisla con ignorancia, desconocimiento o perversidad dentro del sistema demócrata, he aquí la necesidad de la reflexión a fondo sin apasionamientos mezquinos cuando hablamos de democracia, partidos políticos, administración y políticas públicas. Recordemos que no somos una población de angelitos de mente iluminada. La democratización de la ciudadanía y su participación es un proceso constante. Pese a valiosos esfuerzos en diversas figuras legislativas que se han hecho en nombre de la apertura y participación democrática, los enemigos a vencer -nos queda claro- son la ignorancia y la cerrazón mental de grandes sectores de nuestra población, que con mucha facilidad recurren a la violencia, al insulto o a la agresión como respuesta al diálogo, o a la protesta ante el menor intento de evolución o movimiento social institucionalizado; de ahí que se carguen muchos miedos, temores fundados e infundados en una gran parte de nuestra población. Asimismo, hay bastantes sinvergüenzas al asumir liderazgos de supuesta representación de sectores lastimados y heridos socialmente, pero que en ningún momento proponen ni sugieren iniciativas o gestiones para estimular la movilidad social y el empoderamiento de esos sectores en nuestra sociedad. En el otro lado del espectro social encontramos el abuso y perversidad de un buen número de políticos, burócratas de oficio de todas las líneas y trincheras partidistas, con lo cual se crea una sociedad que es un campo de cultivo perverso, propicio para la corrupción y violencia. En nuestra historia mexicana hay tres períodos históricos que nos han dado momentos de Unidad

Nacional, ojalá coincidamos, son 1821, 1938 y 1985, ojalá los puedas identificar amigo lector. A través del tiempo no nos hemos dado la oportunidad bajo el mismo techo de nuestra patria, de dialogar, aceptar, sustentar que, así como reclamamos derechos constitucionales, en toda sociedad ordenada e institucional esos derechos van de la mano de responsabilidades. Como buenos mexicanos y humanos en general, buscamos que los derechos se nos apliquen a unos y las responsabilidades a otros... para eso nos pintamos solos, pintamos nuestra raya. Dignos de estudios son nuestros miedos y temores que se vuelven en sí mismos parte de nuestra subcultura popular, el miedo a lo legal es mayúsculo, intentamos evitarlo por todos los medios posibles, con justa razón diríamos quienes hemos intentado gestionar legalmente cualquier asunto o servicio, pues tanto en el sector público, como privado, individuos o empresas, somos un horror en la administración legal. Aquí la partidocracia vuelve a jugar un papel principal, ocurre que por ser miembro de x grupo político, supuestamente o de verdad, en muchas ocasiones ese simple hecho abre o cierra las puertas de gestión; razón por demás para integrarse (piensan muchos), para ser parte de ese mal que es la partidocracia. Aún hay muchísimo trabajo por hacer para alcanzar ese derecho humano, básico, del empoderamiento individual. Sin duda alguna nuestros próceres y héroes nacionales, así como de muchos países del mundo, no han estado exentos de este proceso de organización y evolución humana; proceso en el que nuestras batallas han sido sus batallas, sus luchas nuestras luchas, por eso mismo hoy por hoy el mejor honor, reconocimiento y tributo que podemos rendirles es dar ese gran salto de calidad, el empoderamiento democrático del ciudadano, más allá de la organización de esas pandillas en que han degenerado los partidos políticos.

Costumbres y tradiciones

Desde nuestros inicios, una gran parte de nuestra esencia, en nuestra conducta humana, es lo repetitivo de nuestras actividades y necesidades. Nuestro cuerpo cada determinado tiempo necesita combustible, nuestro cerebro aparece como el reloj recordatorio, nos da la orden de acción, si no ocurre, nuestra reacción se manifiesta rápido y en diferentes expresiones; cualquier ser humano con hambre, es peligroso hasta cierto punto. Muchas veces vamos hasta un nivel trágico. Un bebé llora y llora fuerte, síntoma y expresión muy paralela a los animales, a las bestias, guardando con el debido respeto las diferencias entre unos y otros, conductas únicas, pero repetitivas a lo largo de nuestra historia humana. A través del tiempo se van dando ciertas lentas transformaciones, otros hábitos se quedan con nosotros de una forma que ya los consideramos toda una formalidad, citamos cosas tan básicas como nuestros horarios de desayuno, comida o cena; intentar cambiarlos o moverlos sería un trabajo titánico que quizás nunca lo lograríamos por voluntad propia. Ocurre de forma similar cuando llevamos toda una vida trabajando en horarios diurnos y de pronto tenemos que ajustarnos a turnos nocturnos, algo ocurre en nuestro cuerpo que a muchos nos es imposible permanecer despiertos toda la noche o incluso dormir de día; hacer ese ajuste de horarios nos resulta muy cansado y en ocasiones imposible, el cuerpo sufre mucho en varios órdenes, incluyendo nuestra salud. A pesar de ello y de forma paralela, hay quienes se adaptan rápidamente sin el menor problema, se adaptan a los cambios necesarios según sus necesidades e incluso disfrutan esos tiempos invertidos. Diferente situación, aunque con cierta analogía ocurre con nuestras madres, quienes tienen una incidencia enorme en nuestros hábitos básicos desde el momento en que somos concebidos: Llegamos a la vida, su calor, su ternura, nuestra alimentación, sus cuidados y sus descuidos, todas sus atenciones o desatenciones nos marcan para bien o para mal para el resto de nuestra vida. Quizás en ocasiones incluso hasta para nuestra descendencia, por aquello de que, porque nuestra madre nos lo dijo, lo creemos sagrado y debemos entenderlo sin cuestionamientos. Afortunados si son prácticas sanas y buenas, que nos ayudan a evolucionar y con ello a crecer integralmente. Desafortunados si nos lastiman, nos atoran o entorpecen nuestro crecimiento y evolución y no nos atrevemos a cuestionarlo, mucho menos a cambiarlas, dado el amor y respeto que sentimos por nuestras madres. Nos quedamos entonces programados como un aparato repetitivo carente de voluntad o decisión propia. Ahondando un poco en esto, por alguna razón a nuestra madre de forma natural la tenemos en un pedestal, la mejor es la nuestra, con orgullo lo gritamos a los cuatro vientos y en voz alta. Nuestros padres en la mayoría de los casos son los chicos malos de la película, esto está definido claramente, escrito en roca, quien lo cuestione se enfrenta a una batalla que nunca va a ganar, con sus debidas y grandes excepciones obviamente. Lo anterior son reglas de oro, no escritas, que no necesitan explicación, las cosas son así, porque así deben de ser. Cuando estas reglas no escritas resultan no estar a la altura de las circunstancias, por alguna razón muy de fondo, volteamos nuestra atención hacía otros aconteceres e ignoramos o perdonamos la indiscreción, la falla, el error, de la mejor manera, e intentamos olvidarlo a la menor brevedad posible. No es algo que estemos dispuestos a estarlo repitiendo y lamentando de forma constante. La selectividad es una característica repetitiva muy nuestra, la cual nos dicta lo que consideramos bueno o malo, positivo o negativo, fenómeno muy raro y discrepante cuando llegamos a tener la habilidad de conciencia para cuestionarnos a nosotros mismos en cuanto a lo que creemos de cierta forma, ¿por qué vemos aquello como algo malo? ¿Por qué vemos aquello como algo bueno? ¿Qué nos llevó a tal consideración u opinión? De manera desafortunada simplemente nos aceptamos con un "es que así soy yo"; situación muy diferente, sin embargo, si lo vemos con humildad y entereza. Asimismo, si lo que buscamos es evolucionar a otro nivel de concientización, es recomendable volverlo nuestra práctica común, compartirla especialmente con nuestros niños y jóvenes. La otra opción que es muy respetable para quienes disfrutamos y aceptamos vivir en nuestro actual estado de entendimiento o no entendimiento, la opción está ahí, nadie debe forzarnos a hacer lo que no deseamos hacer. Resulta en ocasiones incomprensible -en lo individual o en lo colectivo- entrar en esta dinámica de constante cambio o evolución. Automáticamente nos resistimos a los cambios que de forma natural se nos presentan, acostumbrados a vivir bajo las normas y guía de nuestra inconsciencia. Nos resulta muy cómodo no cuestionar absolutamente nada, "nadar de muertito" se diría popularmente, por los miedos monumentales que cargamos para abrirnos, y empezar a conocernos a nosotros mismos; vivimos muchas veces en una especie de aislamiento autoimpuesto que se refleja claramente en la calidad de vida tanto de forma individual como colectiva. Cuanto peso tienen las tradiciones y costumbres en nuestra forma de vida individual y colectiva, sin excepción, en todos los pueblos a lo largo y ancho del planeta. Algunas de ellas completamente incomprensibles, sin el menor fundamento, inexplicables en muchas ocasiones donde nadie tiene la menor información para sustentarlas, pero ahí están siendo observadas y celebradas. Esta práctica que nos rehusamos a abandonar la vemos en grupos o gobiernos de sociedades rezagadas, donde se busca crear nuevos héroes, nuevas celebraciones que no soportarían un examen de sustento con parámetros de incidencia efectiva en sus respectivas sociedades; lo más común son grupos políticos o sociales que manejan criterios de participación y activismo, con un enfoque de intereses específicos en sus agendas, ya sean sindicales, religiosos, partidistas, etc. Estas prácticas definen claramente el tipo de sociedad que somos, así como lo que buscamos de forma consciente o inconsciente proyectar. Resulta muy complicado para quienes han sido formados bajo esta estructura de sociedad, concebir una vida diferente, sin sus respectivas tradiciones y costumbres, ya que muchas veces esto es considerado parte fundamental en la esencia de sus culturas, por lo cual se torna un poco más difícil para su entendimiento y discernimiento. Tal situación se agrava cuando no se tiene la oportunidad o no se desea viajar por las múltiples y diversas razones; igual cuando no se tiene acceso o apertura a la información o no se dan los tan necesarios intercambios culturales básicos, con otros grupos étnicos tanto locales, nacionales, como de los más diversos rincones del mundo. La vida sedentaria nos dio un cierto grado de comodidad y estabilidad, que aun en las más difíciles condiciones de pobreza, desconocimiento o ignorancia, nos hace ver al de espíritu nómada o al que emigra, como un ser en un estado de vulnerabilidad, sin sentido de pertenencia a un grupo étnico en particular, lo cual, observado desde la perspectiva local tiene mucho sentido, pero observado en una perspectiva más amplia, nacional inicialmente y ya más globalizada internacionalmente, el enriquecimiento de perspectiva y entendimiento cultural crece exponencialmente, volviéndonos ciudadanos del mundo. Irónicamente nos volvemos migrantes en nuestra propia casa y en nuestro propio grupo étnico. Quizás conforme avanza nuestra evolución, nuestro desarrollo humano, podamos conocernos y aceptarnos como solo un grupo humano con un amplio abanico rico en tradiciones y costumbres tan variadas y diversas, que en su conjunto es como debiéramos concebirlo, manejarlo, proyectarlo, para el mejor entendimiento de toda la humanidad. El contacto e intercambio general con diferentes grupos étnicos, aún con todas las posibles inconveniencias que pudiéramos citar, rebasa en muchos sentidos el beneficio que esta práctica aporta, opuesto a un aislamiento obligado o voluntario tanto de los individuos como en sociedad a corto, mediano y largo plazo. El enemigo inicial a vencer es el temor y la desconfianza para abrir lo que está cerrado, iluminar la obscuridad, desandar el camino errado;

esas son algunas de las barreras que tenemos que derrumbar poco a poco, una a una. El intercambio cultural abona eficazmente a vencer nuestros miedos y nuestras desconfianzas transformándolas en reconocimiento, respeto y confianza mutua. Existe un lado humano maravilloso en nuestras tradiciones que unifica y comunica a un pueblo, de generación en generación, de sus aconteceres socioculturales que principalmente se transmiten -mantienen su presencia y actualidad- de forma empírica y oral, generando una fuerte incidencia en el perfil de identificación de determinados grupos étnicos, que van desde sus gustos alimenticios, ceremonias civiles, religiosas, hasta sus maneras de vestir, toda una forma de vida muy única, tanto en lo individual como en sociedad. Un cuidado enorme y mucha sensibilidad se requiere del hombre actual al tratar el tema de las tradiciones y costumbres, ya que son una parte de primer orden en nuestra historia humana, debemos entenderlas en la correcta dimensión que tienen en nuestra sociedad y en el individuo, especialmente si se nace y se crece en el seno de una familia o grupo con una fuerte incidencia tradicional. La educación impartida por el Estado, con todas sus deficiencias, es sin duda ya un inicio y un paso trascendental para empezar a abrir al mundo el conocimiento de las diferentes tradiciones y costumbres étnicas en un contexto neutral, equitativo, de información. De forma paralela es muy motivador ver el activismo de grupos étnicos en sus respectivas comunidades, cuando empiezan a establecer escuelas diversas, universidades, institutos tecnológicos inculcando, enriqueciendo y promocionando su cultura, y a la vez integrando conocimientos y tecnología de punta actuales, rompiendo paradigmas, estableciendo nuevos estándares en el entorno de su comunidad, de la sociedad en general, sin violencia, de manera pacífica, con educación, cultura, ciencia y tecnología. Estamos combatiendo y venciendo esos miedos propios y ajenos, así como el desconocimiento e ignorancia que nos agobia en lo general. Al hablar de cultura étnica nos encontramos frente a un amplio abanico de expresiones implícitas y explícitas, variadas, muy diversas, que están en la actualidad, quizás como nunca antes en una rápida evolución, dentro de los parámetros de lo que esencialmente define a equis grupo étnico. Las comunicaciones, la información y su fácil acceso, tienen una incidencia profunda en ese enriquecimiento cultural que toda la humanidad está viviendo de forma muy rápida. Si bien manteniendo elementos básicos de su respectiva etnia cultural, actualmente mucho de lo que hace tiempo se definió o consideró ortodoxo, sufre transformaciones generacionales; como ejemplo podemos citar los alimentos típicos, su presentación, sabor, ingredientes, colorido, método de cocinar, el fuego para cocinar, los utensilios, etc. Todo va cambiando, todo va evolucionando, de ninguna manera, ninguna expresión cultural está exenta o aislada de las influencias actuales tanto de la tecnología o la ciencia. El vocabulario mismo sufre transformaciones constantes; la música con la instrumentación moderna da un giro a lo tradicional para enriquecerlo o cambiarlo de manera sustancial; pasa lo mismo con el vestuario de bailes tradicionales; asimismo, los productos de cerámica que por muchísimo tiempo se trabajaron de manera rústica, en la actualidad los hornos han modernizado su campo de trabajo, y sus productos se manufacturan ya en cantidades industriales. Las casas de adobe tan tradicionales por mucho tiempo, hoy en día resulta dificilísimo encontrar quién fabrique adobes de forma manual, la industrialización en los últimos dos siglos en sus diferentes etapas forzó e impulsó acomodamientos culturales tradicionales. En las últimas dos décadas los saltos cualitativos y cuantitativos en la tecnología y la ciencia han venido a dar un aceleramiento a esta transformación, estamos en un mundo completamente diferente al de hace solamente dos décadas, las diferencias generacionales son extremadamente marcadas, tanto que incluso dentro del seno familiar tenemos que hacer cambios y ajustes en nuestra relación con nuestra familia inmediata. Nuestros hijos pareciera que son seres de otro planeta, y de igual manera nosotros así les parecemos a ellos, el lenguaje, la forma de vestir y de hablar, los métodos de estudio, la ética en el trabajo, en fin, toda una variedad de cambios en la actitud frente a la vida; las relaciones de pareja no han estado libres de drásticos cambios, lo que nos parecía o considerábamos alarmante poco a poco gana terreno y deja de serlo, y la trasformación de la base de la sociedad tradicional, el matrimonio, vive cambios trascendentales. Indudablemente podemos constatar los continuos cambios que la humanidad ha vivido a lo largo de nuestra historia, lo cual, desde nuestra perspectiva individual, por lo corto y limitado de nuestra vida, nos puede dar un claro entendido de nuestra pequeñez en relación al tiempo y el espacio, no solo del planeta sino del universo mismo. Tema en particular, donde nuestros antepasados con sus métodos y observaciones nos dejaron todo un legado para muchos de nosotros difícil de comprender; de manera muy personal no dejo de maravillarme, de sorprenderme cuando se monta un calendario que inicia equis día, empalmado con el tiempo que dura el periodo de gestación de un ser humano, programarlo de una forma cíclica hacia el futuro, que sea medible y funcione, y todo esto sin las herramientas tecnológicas o científicas disponibles actualmente. Simplemente fenomenal, maravilloso, que aun en las condiciones más austeras y difíciles, rodeado de un salvajismo generalizado, la brillantez de la imaginación y creatividad humana se imponga con muy particular sabiduría. Es lamentable que el hombre en su absurdo afán de control, haya diezmado muchas aportaciones culturales diversas de grupos étnicos, principalmente de indígenas; lo ha hecho por muy obvias, pero perversas razones, entre las cuales las de mayor peso -pudiéramos confirmar- son por cuestiones de discriminación étnica y económica. La mezquindad del hombre es aún muy fuerte, su subconsciente le dicta muchas malas notas. Históricamente quienes han ostentado, tomado y mantenido el control de la sociedad a través de instituciones gubernamentales o religiosas han tenido una fuerte incidencia en negar, disminuir, aceptar o proyectar mucho del trabajo cultural, de investigación e invención de grupos étnicos, quienes no han tenido acceso al poder político o religioso; práctica discriminatoria generalizada que ha menguado de forma paulatina con la entrada en efecto de algunas políticas públicas de acción afirmativa, apenas en fechas recientes en países del llamado primer mundo. En muchos otros, aun es un camino no recorrido que se debe empezar a caminar. En la complejidad del tema de la acción afirmativa con una subcultura generalizada de discriminación y abuso del poder público, indudablemente vamos avanzando, pero requerimos sumar voluntades y esfuerzos. En asuntos de cultura y educación tanto de forma individual, en familia, en sociedad y ahora ya también de forma globalizada -en esta villa en que se ha convertido el planeta, con la tecnología que nos acerca toda la información posible- ya nadie puede estar exento de esta dinámica, de una u otra forma a todos nos toca y afecta. Hablar de cultura en los términos que se manejaba hace solo una década, la tecnología nos los presenta como obsoletos, fuera de tiempo, un tanto desubicados, ¿quién estudiaría pensando en el futuro, carreras académicas obsoletas? El asunto educativo que por varias décadas se manejó de forma general, igualmente que la cultura a través del tiempo, sufren enormes transformaciones. Acotamos que debemos ser muy justos en el sentido de no hacer juicios de situaciones o acontecimientos de hace un siglo o de 5, 10, 20 siglos, desde nuestra perspectiva actual. Los tiempos y los seres humanos… similares y a la vez enormemente diferentes. Atrevámonos a pensar en lo diferente que es el mundo de hoy, respecto al de cuando nacimos. En nuestro propio, personal tiempo, la misma persona, pero un corto tiempo más tarde, un mundo completamente diferente. Cambios generacionales muy variados, constantes, en ocasiones muy marcados; nuestro mayor respeto para aquellos que tienen como profesión impartir enseñanza y educación, teniendo como responsabilidad atender, actualizar los avances humanos, científicos, tecnológicos, en sus programas de enseñanza, lo que les requiere de una cada vez más amplia actualización, tanto personal como profesional, incluyendo sus propias opiniones y muy personales observaciones. Perfil muy diferente el requerido a un profesor en la actualidad, que al de hace solo una década. Grandes los cambios generacionales tan naturales en la humanidad, en la sociedad y en los individuos, pero que sin duda se han disparado a un ritmo impresionante en las últimas tres décadas. Quién hubiera podido visualizar en la década de los 80 el uso masivo que hoy tienen las computadoras, los teléfonos celulares, y esta maravilla que es el internet. Quienes tienen esas capacidades de visión futurista nos dejan boquiabiertos cuando nos comentan de la posibilidad de volar individualmente, de posibles autos voladores, de motocicletas auto-sostenibles, del avance de la robótica que supliría mucha mano de obra laboral, súper computadoras cuánticas que harán funciones que las actuales no pueden hacer ni por consideración… elementos de la naturaleza que la tecnología de punta empieza a vislumbrar en posibilidades hasta hace poco tiempo inconcebibles, y con ello un mundo completamente diferente, lleno de posibilidades en materiales, herramientas que solo engrandecerán la tecnología y la ciencia. Nuestra inquietud humana en su mejor expresión. Sin embargo, el factor humano preocupa en este asunto de la educación y formación; es preocupante sin duda el ser humano en sí mismo, su vida espiritual, física y biológica. ¿Cómo la conciliaremos con todo este devenir y porvenir científico tecnológico?, es preocupante por la deshumanización de que somos víctimas, absortos y absurdos no nos damos cuenta que nos movemos como maquinitas tratando de hacer, de aprender ochenta mil cosas, todas ellas materiales. ¿Quién carajos le da el valor requerido a la familia inmediata? Desafortunadamente casi todas nuestras luchas sociales son más para liberarnos de nuestro humanismo natural, y para entrarle de lleno al juego del materialismo desenfrenado. El equilibrio emocional tan requerido para funcionar en paz y tranquilidad, es obsoleto y despreciado, hemos llegado al colmo de verlo como algo místico e histórico, no aplicable en nuestro tiempo actual; hemos perdido la fe de vivir en un mundo en armonía entre la raza humana, por eso damos por descontado que tenemos que vivir amenazándonos de forma constante entre países, con guerras entre ciudadanos, entre hermanos de los mismos grupos étnicos o países. La filosofía clásica dio sustento a muchas de las teorías y prácticas humanas de los últimos 25 siglos; nos dieron argumentos para filosofar, reflexionar en torno a ellas, incluso para intentar poner algunas en práctica, buscando un desarrollo sustentable del hombre. Hoy estamos ante el umbral de una nueva época. ¿Seremos capaces de sustentar filosóficamente, en forma equilibrada, nuestro futuro?

POBREZA MENTAL

Palabras más, palabras menos, me decía: Fíjate que en aquel tiempo en que vivíamos pensando que éramos pobres, la verdad es que no éramos pobres, que ganábamos muy poco es muy cierto, pero la verdad es que nunca nos quedamos sin comer, quizás no comíamos de lo mejor, pero comíamos y vestíamos bien, siempre traíamos un poco de dinero. ¡Pobres!, pobres los flojos, aquellos que nunca les gustó trabajar, esos la verdad sí que eran y son pobres, esos sí, sin esperanza, sin dinero y sin las menores intenciones de trabajar. Esta afirmación tan corta y con argumentos tan sólidos, me convenció sin el menor titubeo de mi parte, la pobreza económica es algo muy diferente a la pobreza mental, esa sí que nos desarma ante cualquier eventualidad. Incidencia mayor cuando venimos a la vida, por alguna razón desconocida, en una familia o entorno extremadamente precario, con mucha ignorancia; sin nosotros tener la menor opinión al respecto, por el destino nacemos donde hemos nacido, algunos dirán que es porque Dios así lo quiso, otros por desgracia, otros por fortuna, pero lo que sí es seguro, es que nadie tiene la respuesta correcta en un sentido o en otro. La pobreza extrema se ha vuelto un problema de la humanidad, situación en la cual muy pocos países son la excepción, donde pensadores, filósofos, estadistas, estudiosos socio-economistas de las diferentes líneas de pensamiento, que son considerados una autoridad en la materia, hasta el día de hoy, año 2016, podemos afirmar que no han encontrado la fórmula que podamos aplicar de forma general para resolver el problema de la pobreza extrema. Muy pocos de estos estudiosos se atreven a mencionar la pobreza mental como una de las razones fundamentales de la pobreza económica extrema. Entendible y razonable la sensibilidad mostrada por estos estudiosos. Bajo estas circunstancias debemos reconocer las valiosas políticas de Estado comprometidas en la ONU por la mayoría de países miembros, políticas para aplicarse en los respectivos países, aunque desafortunadamente han avanzado muy lentamente y con resultados -para las fechas y expectativas comprometidas- muy lejos de lo deseado. El problema continúa y se agrava sin una solución viable ni a corto ni a mediano plazo. Científica y tecnológicamente estamos dando unos saltos de calidad impresionantes, pero algo tan simple como es el alimento básico para todos, no podemos o no lo queremos resolver. ¿Qué nos ocurre como humanidad? ¿Será que como muchos de los problemas humanos que arrastramos, aún no estamos en un nivel de iluminación para atenderlos y resolverlos?, ¿será que aún los intereses políticos y económicos de control están muy alejados de lo humanamente básico? La verdad es que los humanos no somos un grupo de angelitos. Asimismo, otra realidad que duele y lastima profundamente, es la falta de concientización. Es fatal que persista en un gran sector de la sociedad, un sector muy golpeado como resultado de su incapacidad o falta de voluntad tan arraigada por los más diversos factores para aprender, para querer evolucionar, para soñar y, en fin, todas esas cosas que nos empujan, que nos mueven individualmente y en sociedad a la búsqueda del desarrollo de nuestras capacidades humanas en los diferentes ámbitos de actividades. Nos enfrentamos a un problema mayor cuando no se tiene ni se siente esa energía que nos empuja, que nos mueve o, por el contrario, cuando la tenemos, pero enfocada en sentido inverso, con una reticencia o negatividad con todo aquello que nos requiere evolucionar, caminar, pensar, actuar, todas esas cosas que dependen de un mínimo poder de voluntad. Fenómeno interesante para toda la humanidad, ya que en todos los países y grupos étnicos nos encontramos con una buena cantidad de nuestros hermanos en ese estado mental; como consecuencia son candidatos naturales a padecer y sufrir la pobreza extrema, incluso me atrevo a sugerir que esto se llega a ver como algo culturalmente aceptable, que se sucede de generación tras generación. La pregunta de cómo resolveríamos o atenderíamos esta situación, es la pregunta del millón dadas las condiciones reales de la humanidad. Respecto a la forma de atender nuestra realidad, aún tenemos problemas de fondo por identificar y aceptar, para poder empezar a desarrollar nuestra esencia individual humanista, para que trascienda a la sociedad en general. Aceptando el entendido de que la humanidad en su contexto universal aún es joven, aun nos deslumbra, impresiona, nos mueve mucho el mundo material, así como lo vano y artificial... ¿de dónde y cómo vamos a tomar ese ingrediente humanista, solidario, tan importante y necesario?, si la mayoría de los seres humanos vivimos una realidad aún muy salvaje internamente. Como resultado ese es nuestro actuar hacia el exterior. Mucho camino aún por recorrer, mucho trabajo interno individual y espiritual por hacer, no religioso debo aclarar, la humanidad pide a gritos buenos pensadores, excelentes filósofos, pues el rezago humanista en correlación con la ciencia y tecnología son alarmantes. Por alguna razón desconocida y quizás premeditada no le estamos invirtiendo al elemento principal, el ser humano, ya que se queda encuerado, sin fundamento, sin encontrar una razón de ser bien sustentada en su paso por la vida. Lo material ya lo entendimos, es solo fantasía, la pobreza o pereza mental es agonía, es un morir constante, la otra y única opción que nos queda es vivir una vida plena de manera constante, extrayendo y dando vida a ese gran ser humano que esta en nuestro interior. Tarea nada fácil pero interesante, y emocionante con tan solo pensar en las posibilidades que un estado mental y físico así, daría tanto a la persona de forma individual, a la sociedad y al mundo entero en su conjunto. Toda acción, nos dicen, genera una reacción, ante una acción humanista de fuerte calado, ¿cuál sería la reacción?, ¿nuestro instinto salvaje aún se impondría, y masacraría cualquier iniciativa en ese sentido?, o la reacción nos tocaría las fibras humanistas de aquellos aún en estado salvaje, donde lo material está por encima de todas y cualquier necesidad. En la actualidad la comunicación, las redes sociales, están en un lugar preponderante de influencia e incidencia en las nuevas generaciones, a los más viejos ya en el límite de nuestra vida, toda esta gigantesca revolución tecnológica y científica les toma muy adelante en el camino de la vida, a otros ya a medio camino nos tomó desubicados y ahora damos zarpazos por todos lados tratando de adaptarnos a esta nueva realidad, tan solo para mantenernos comunicados he informados y no quedarnos completamente obsoletos. Incluso incapaces de comunicarnos con nuestros hijos y nuestros nietos. La educación y sus métodos, constantemente están sufriendo adaptaciones tan ajenas a nosotros que a veces ya nos ven y nos vemos como una especie en extinción, con toda esta dinámica tecnológica y científica. ¿Dónde, cómo integramos a todos aquellos que por diversas causas están en comunidades de desolación, desesperanzados, sin la menor posibilidad de aspirar a una mejor calidad de vida? Por las miles de razones que podamos encontrar o justificar, podremos a través de la ciencia y tecnología dar un salto en ese proceso normal de evolución humana, pero ¿se quedarán en el olvido u ostracismo? Horrible pensar así, pero muy posible. ¿Estaremos dando paso a una sub-clase humana, mientras volteamos la cara y atención a otras cosas superficiales que nos llenen nuestro apetito material fantasioso? Con optimismo insistamos en valorar los grandiosos esfuerzos institucionales e individuales a nivel mundial, especialmente desde la ONU. En el caso nuestro como mexicanos no somos la excepción intentando integrar, buscando la movilidad social de mucha de esa población que sufre de una pobreza mental alarmante, y desafortunadamente nos encontramos en ocasiones con una fuerte reticencia, con una resistencia anárquica y violenta. De forma paralela resulta muy difícil entender y digerir que grupos políticos, - burocráticos, con salarios de dinero público y donde supuestamente su función es atender y hacer esa labor humanitaria de ayudar a estas comunidades a salir de su rezago ancestral; nos encontramos de forma grotesca y absurda, en ocasiones violenta, que sean ellos quienes, con vehemencia, al costo aún de su propia vida, se opongan a iniciativas tanto individual como institucional a sumar en este esfuerzo. Quizás nuestro lado humano, ingenuo, se resiste a aceptar que exista tal perversidad de control y opresión a nuestros hermanos, aún en nuestros días. Un *status quo* absurdo que algunas personas, grupos e incluso gobiernos se han tomado como algo muy propio, que nada ni nadie cambiará, y lo defenderán hasta la muerte misma, negocio perverso con disfraz al mejor estilo gansteril. Pobreza, miseria humana en sus más infames formas de expresión, diferentes escenarios, diferentes situaciones, similares tragedias, mismos actores: Los seres humanos. Cuánta energía y capital humano, cuántos recursos de diferente índole en programas sociales encaminados a resolver la pobreza extrema, pero desafortunadamente desde esa perspectiva plenamente populista, burocrática. Gobierno tras gobierno, los programas de combate a la pobreza han sido un perfecto barril sin fondo, donde lo único que se hace es derrochar dinero. Indudablemente son de los mejores programas de fondo perdido que, de verdad, fácilmente se pierde dinero, pero les sirve de manera muy concisa para perpetuar la pobreza extrema económica en muchas familias, así como para estimular bastante bien la pobreza mental. Incomprensible resulta la estructura y función de estos problemas si de verdad se busca estimular a estas personas y sus familias a una movilidad social, hacia una mejor calidad de vida. ¡Simplemente incomprensible! Si les buscamos una lógica o un sentido objetivo, por ningún lado encontraremos la menor objetividad, sin embargo, la raja política perversa sin buscarla mucho aparece por todos lados de manera explícita e implícita. La verdad es que no nos hacemos ningún favor, ni se lo hacemos a nadie. Indudablemente que el diagnóstico a esa pobreza mental que buscamos vencer, erradicar, es algo muy profundo y complejo, que requiere de una correcta apreciación para poder atenderse en su correcta dimensión. Mientras tanto es obvio que estamos dando giros a destiempo, equivocados, el problema continúa, sigue ahí, latente, consumiendo y aniquilando vidas de familias enteras por generaciones. No nos debe de quedar la menor duda de que es posible erradicar la pobreza con unas políticas públicas súper bien encaminadas, reforzadas en su aplicación. Ya hoy en día en muchos países, de una generación a la siguiente es posible dar los primeros pasos de movilidad social, el empoderamiento en los chamacos al creer en sí mismos, el empezar a ver la educación como la mejor y principal herramienta hacia una mejor calidad de vida, son bases sólidas sobre las cuales se pueden fincar esperanzas, posibilidades, hacia un futuro mejor. Esa fórmula atroz, perversa, de regalar despensas o recursos sin compromiso con el único objetivo barato de mostrar una foto o justificar un gasto o un empleo, así como el hecho que políticos o burócratas de carrera se involucren en estos programas, tiene que ser solo historia, tiene que ser cosa del pasado. Históricamente nuestra sociedad ha sido lastimada en su dignidad y aspiraciones básicas, lo que debiera ser un servicio o programa de ayuda, está tan distorsionado y corrompido que ya es parte de la subcultura popular, tomando proporciones tragicómicas especialmente en tiempos de actividades electorales, beneficiando

de forma particular a los gobernantes o partidos políticos en el poder, lastimando la integridad, el amor propio, disminuyendo, reduciendo los esfuerzos de empoderamiento básico de cualquier ser humano, sujeto de estas prácticas. Con ello propagando la corrupción y deshonestidad, y una dependencia en una cadena familiar y en sociedad donde no hay absolutamente ningún ganador. Todos los involucrados en un círculo vicioso de esta naturaleza terminan lastimándose.
Históricamente hay muchos pueblos donde la pobreza se ha adentrado tan profundo en nuestro espíritu y subconsciente que incluso la alabamos, nos enorgullecemos de ella, la odiamos, pero es tan nuestra, como esos amores que lastiman, que hasta le componemos, cantamos himnos, canciones, cual empedernidos enamorados.
Porque ciertas personas en ciertos lugares, nos dan un sermón de nuestra realidad, nuestro futuro, cada vez que les es posible, y de tanto escucharlo ya lo creímos verdad, convencidos que ese es nuestro manifiesto destino. Imposible imaginar que alguien de una clase social con extremadas limitaciones pueda tener acceso a dar ese salto de movilidad social que en sociedades más equitativas es solo cuestión de una generación.
Los entornos sociales con las repercusiones que las autoridades o instituciones en general causan en ellos, ya sean eclesiásticas o civiles, cargan un fuerte peso para bien o para mal en el desarrollo integral de sus respectivas comunidades, en muchas ocasiones dando paso al nacimiento y establecimiento de crueles tiranías en toda la extensión de la palabra, dictaduras opresoras de las más básicas aspiraciones humanas. De forma paralela en muchos casos estos entornos y

situaciones se prestan con urgencia para labores humanistas altruistas, donde la bondad, la buena voluntad para servir, para ayudar a nuestros hermanos en necesidad, mucho más allá de cualquier interés mezquino, aparecen, brillan como un gran rayo de luz y esperanza en medio de la negrura de la opresión y la más cruel miseria tanto humana, institucional, como material. Pareciera una jugada tragicómica del destino que, en ocasiones, el necesario campo de cultivo de grandes seres humanos se erige en medio de las más dramáticas tragedias y circunstancias. Hay quienes nos aseguran que todo nuestro ser y actuar es en torno a nuestra forma de pensar, sin duda alguna aceptar analizar nuestra forma de pensar y como consecuencia cuestionar nuestro actuar, requiere de una fuerte dosis de humildad. Muy difícil resulta reconocer la necesidad de hacer un alto, mirar hacia nuestro interior cuando nuestro entorno ha estado establecido y montado en un alto nivel de ignorancia, de falta de conciencia y donde los patrones de conducta están más basados en la violencia, la fuerza y todas esas cosas salvajes negativas que truncan, destruyen cualquier intento de concientización y evolución mental. Pero de que es una necesidad aún en las mentes más hábiles y estables, por salud mental propia, lo es y es un magnífico ejercicio recomendable a todo aquel que esté dispuesto a dar, a ser lo mejor de sí mismo, con mucha más razón para aquellos a quienes la vida o fortuna no les ha sido tan grata. Complicado tema, tan cerca de nosotros y a la vez tan lejano, y quizás en él está el parteaguas de nuestro entendido de concientización. Solo cada cual sabemos o experimentamos hacia dónde se inclina esa balanza. Así, algunos cubiertos con humildad intentaremos entendernos a nosotros mismos, inicialmente habremos de reconocer la carga negativa que llevamos en nuestras espaldas y espíritu; habremos de reconocer y analizar nuestra realidad, visualizar posibilidades de un antes y un después, y tomar la decisión que mejor nos acomoda: sacudirnos toda esa carga negativa, horrible, que nos acosa y agobia, y liberarnos y empezar una nueva vida. Debo mencionar aquí una cita que va conmigo por doquiera: "El pasado ese ya ni Dios lo compone, el presente, el futuro, esos nosotros los vivimos y modelamos". La otra opción, si estamos contentos, felices, satisfechos con lo que es nuestra vida, sería absurdo cambiarla, ¡sigamos viviendo plenamente! Retorno líneas arriba, donde mencionaba que hay quienes aseguran que nuestro ser y actuar es en torno a nuestra forma de pensar, les concedo la razón a quienes nos aseguran este razonamiento. Algunos de nosotros somos muy necios, tercos, de mente muy difícil, que por todos los medios o argumentos disponibles descalificaremos cualquier intento de cambio o innovación propio o de nuestra familia, de nuestros amigos o en nuestra sociedad. Llegamos al colmo de coronarnos, convertirnos en unos seres cínicos excepcionalmente brillantes, de esa clase de la cual nunca reconoceremos el éxito ajeno, mucho menos inspiraremos, ayudaremos o estimularemos a nadie, incluso ni a nuestra propia familia, a la búsqueda de metas, a imaginar o a soñar. El peor de los casos es que ni nosotros mismos somos capaces de creer en nosotros mismos, siempre tenemos una cínica, tonta respuesta a cualquier necesidad física o intelectual mínima que nos sea requerida; todo lo manejamos con una facilidad que se nos vuelve un pasatiempo, un deporte que disfrutamos plenamente practicarlo. Paralela a esta condición se da una fuerte incidencia de un consumismo desenfrenado, aún en condiciones de familia sumamente precarias. Desafortunadamente son muy comunes los casos que, como todas las adicciones, los impulsos nos mueven mucho más fácil que los razonamientos. ¿Cómo justificar que un hombre con familia que atender y alimentar, se gaste una buena porción o todo su salario consumiendo alcohol o algún tipo de drogas? ¿Cómo justificar que una madre o ama de casa malgaste una buena porción de su gasto familiar en pagar una cuota mensual de tele cable? ¡Qué incongruencia ver una casa con paredes de láminas y de cartón agujeradas y en muy mal estado, pero con un disco de recepción satelital montado en alguna parte sobre la casa! Familias con unas dificultades enormes para subsistir, y a la menor oportunidad obtienen teléfonos celulares, sólo por la moda, ¡nada más! Es indudable que nuestro nivel de concientización y enfoque de prioridades están desubicados. Nuestras satisfacciones aún las llenan muchas cosas vanas, materiales, cosas que mantienen nuestro subconsciente en control de nuestra vida diaria. Muy complicado en esas circunstancias dar espacio para que nuestro consciente cerebral asuma su función. Es complicado, difícil, pero no imposible de atender. La lectura en sí misma, ya es un paso inicial importantísimo, la buena lectura lleva en sí un gran efecto multiplicador, se eleva a un potencial difícil de cuantificar, ya que el universo de posibilidades que se abre es ilimitado. Desafortunadamente para la humanidad, aún hay quienes insisten en controlar nuestra lectura en nuestro tiempo de formación, que nos marcan unas limitantes según sus propias conclusiones, percepciones, de lo que debiera ser la humanidad. Errores mayúsculos que incluso nosotros como padres muchas veces cometemos con nuestros propios hijos. No debe pasar desapercibido que, con la especialización de muchos estudios universitarios, carreras técnicas y oficios, el objetivo de esa formación académica o técnica es solo la preparación para desempeñar ese trabajo o esa función específica. Cuántas veces nos encontramos con especialistas, doctores, ingenieros, en fin, personas con maestrías, con doctorados, etc. -sin dejar a nadie fuera de consideraciones- que más allá de su formación académica específica, carecen de la más elemental apertura mental. Su único objetivo es que su profesión les genere dinero, pero se quedan lejos de las más elementales consideraciones humanas. Diría un compositor popular, para estas personas "con dinero baila el perro". Lo vano, lo material, es lo que nos mueve aún, y quizás con mayor sinrazón a aquellos que se dicen educados profesionistas. Si aspiramos a un mundo más humano, justo y equitativo, todos los avances científicos, tecnológicos necesitan ir de la mano de una fuerte dosis de humanismo,

Perfiles

A lo largo de nuestra historia la humanidad ha venido viviendo una constante evolución que, visto desde nuestra experiencia individual, nos resulta muy complicado poder afirmar tal aseveración. Sin embargo, gracias a las diferentes disciplinas de estudio que nosotros mismos hemos creado y desarrollado para nuestro autoestudio y entendimiento, hemos avanzado sustancialmente. Al principio de forma muy rudimentaria, previo al desarrollo de la escritura y lenguajes, hasta llegar a la actualidad donde contamos con una gran cantidad de métodos de información en las más diversas disciplinas, ejemplos: Matemáticas, música, escritura para invidentes, códigos computacionales con la inteligencia artificial, etc. Una enorme diversidad de posibilidades de información en diferentes especialidades, que nos facilitan la diseminación y acceso a los más extensos conocimientos. A lo largo y ancho del planeta, aún en los más remotos lugares donde han vivido seres humanos encontramos huellas, mensajes que nos hacen saber acerca de ellos, quizás sin ellos considerarlo, pero ahí está una infinidad de información. ¡Impresionante! Resulta emocionante el solo imaginar la posibilidad de que en un futuro cercano podamos montar un catálogo integral de toda nuestra historia. Con lo extenso del planeta, resulta difícil suponer que hubiese habido en algún momento la posibilidad de que los humanos hablásemos, nos comunicáramos en un solo idioma, el idioma humano. El proceso pre-humano fue lento, de muchos siglos. El proceso humano no es diferente, llevamos igualmente muchos y lentos siglos, nuestras diferencias étnicas se han mantenido y acentuado. Incluso con las mezclas raciales y étnicas que a través del tiempo se han dado no hemos encontrado un común denominador que nos dé armonía sustentable, como una sola entidad humana. Resulta muy lamentable que aun conociendo y ya identificadas las cosas básicas para la vida, nuestra fragilidad, nuestra pequeñez, ante lo majestuoso e inmenso de la naturaleza misma, aún estamos atorados en una desconfianza mutua generalizada, que se agudiza quizás por nuestros miedos fundamentales aún salvajes. Nuestros sentidos básicos son unos expertos en la detección de diferencias raciales y faciales principalmente, nuestro cerebro ni tardo ni perezoso dispara la alarma que nos hemos instalado nosotros mismos para tales situaciones y alguna que otra parecida. Dolor de cabeza mayor ha sido para la humanidad sabernos étnicamente diferentes, esos colores tan marcados como son el blanco y el negro en términos humanos, caray, son un abismo que no vemos cuándo podremos unificar. Los rasgos físicos de las comunidades indígenas también han sido una identificación histórica que ha denotado igualmente una serie de vejaciones y abusos de manera sistemática por otros grupos étnicos, que se han asumido un sentido de superioridad, de conquistadores, de seres humanos superiores, por razones un tanto absurdas. Huelga decir que en el último siglo, especialmente con el establecimiento de la ONU, se rompe un paradigma que dividió al mundo por mucho tiempo, no es posible imaginar el conjunto de naciones sin una mesa o espacio de diálogo, pero esa era nuestra realidad, cada cual haciendo como mejor le sentaba a sus intereses, llegando incluso al colmo de nuestras locuras llevando a cabo un exterminio racial, como si cada cual tuviéramos opción alguna para decidir nuestro lugar de nacimiento, o el origen que mejor nos sirviera para nuestros intereses futuros. Aberraciones totales justificando el salvaje sentido de superioridad o menosprecio hacia otros grupos étnicos en particular, una más de las muchas incoherencias justificando guerras. La apropiación de territorios es otro asunto que nos ha causado una gran cantidad de problemas, dolor, tragedia, así como muchísimas muertes de manera violenta. ¡Y hasta el día de hoy sigue vigente su práctica! Hay perfiles muy perversos de grupos, sociedades que a través del tiempo han tomado como bandera lo que nos han vendido como progreso, creando así una mascarada pública que se lleva de por medio y entre sus patas cualquier situación, persona u obstáculo con tal de empujar esa tan particular agenda llamada progreso. Perfil que cuidadosamente ha sido protegido y cultivado, sustentándolo en la supuesta búsqueda del bienestar humano. Deshumanizando, desacreditando a sus víctimas, justificando como necesaria cualquier medida o acción para esos propósitos, incluso los asesinatos, la emigración forzada bajo amenazas de muerte, la desaparición forzada, en fin, cualquier posible medio de intimidación disponible. Deuda histórica que la humanidad tiene consigo para sustentar un bienestar generalizado, muy diferente del entendido tosco de progreso y abuso desenfrenado de ciertos grupos fuertes económica y políticamente. Agrego aquí el perfil perverso nada idóneo de quienes ven el servicio en la administración pública, como un método o medio para hacerse llegar bienes económicos y materiales, los grandes pensadores y estadistas nos han insistido en la necesidad de saber distinguir claramente la función de un servidor público, en el cual su entorno no es para generar bienes económicos propios, su función es servir a su comunidad de forma eficiente. Los impuestos, mecanismo hasta hoy usado por la administración pública para allegarse recursos que la ciudadanía aporta, es de donde todo funcionario devenga sus salarios, así que todo funcionario de cualquier nivel tiene un compromiso enorme para servir a todos sus constituyentes, mucho más allá de cualquier consideración política personal. Visto desde una perspectiva optimista este puede ser un perfil muy bonito -muy humano con características muy especiales, únicas- en el cual no cualquier individuo se puede poner en sus zapatos y llenarlos a plenitud, ya que son de una talla muy especial, como lo comprobamos diariamente en nuestra relación y trato con nuestras respectivas autoridades y funcionarios de los más diversos niveles e instituciones. En lo general en ese rubro los humanos tenemos una labor monumental para llegar a niveles administrativos aceptables y eficientes. Digno de reconocimiento muy particular son los documentos constitucionales de algunos países en los cuales se enfatiza la transparencia y eficiencia del servicio público, desligándolo por completo de actitudes u opiniones de los funcionarios; batalla muy difícil de librar en algunas sociedades donde la administración pública se concibe como una pequeña empresa o un regalo que hay que aprovechar al máximo mientras dure. "¡De esto no hay todos los días!", suelen decir... y eso nos lleva a otro perfil muy sensible pero muy generalizado: el de la corrupción. Asunto muy profundo que requiere un concienzudo análisis y entendido en todos los humanos, si hemos de transitar a una relación más armoniosa desde nuestro seno familiar, en sociedad y a nivel global. Problema del que no nos libramos absolutamente nadie, ya sea por omisión o comisión en los más diversos y variados sentidos. Esta práctica está tan integrada en nuestra forma de ser y en nuestras actividades, que en muchos casos no sabemos distinguir, no sabemos dónde pintar nuestra famosa raya, con el agravante de que esta práctica dentro de la familia se traduce en parte de nuestra subcultura sustentada en falsos y erróneos principios y valores. "¡El que no tranza no avanza!", es un slogan popular que nos lo llegamos creer y a poner en práctica con una mano en la cintura, sustentado y funcionando fuera de normas legales y transparentes. Por eso los saltos cualitativos son los que debemos practicar en nuestras actividades diarias, difíciles, pero no imposibles. La humildad, paciencia y voluntad son requeridos para iniciar un proceso de transformación personal. Sin el menor temor a equivocarnos ese es el camino. Todo cambio inicia en nosotros mismos, en el seno de nuestra familia, en nuestro entorno más cercano. La sociedad actual se ha desligado poco a poco de este esfuerzo humanista, por alguna razón buscamos sin razón que nuestras autoridades, por medio de políticas públicas educativas o incluso coercitivas policiales, hagan ese trabajo de formación, más como un trabajo de corrección que se debió, que se debe hacer en casa, en nuestro hogar, perfil institucionalizado muy único de la sociedad actual. Casos muy recientes y actuales en todo el mundo, donde, por un lado, salen a la luz pública los protocolos policiacos ya fuera de tiempo, donde la práctica de la categorización racial queda descubierta por completo al mundo, todo ello frente a una nueva realidad de la sociedad actual, especialmente los jóvenes con una formación e inquietudes completamente diferentes en su entendido de libertad, así como el fácil acceso a la tecnología y a las armas. Frente a nosotros nos encontramos con una mezcla de violencia y animosidad, hacia nuestras instituciones policiacas. En contraparte vemos con simpatía el trabajo de concientización que se empieza a atender con mucha disposición en varios países, precisamente para conciliar esas diferencias generacionales tan marcadas bajo nuevos protocolos policiacos, y buenas políticas públicas, aunque ya un poco tarde. La categorización racial o Racial Profiling es un mal de mucho arraigo en la sociedad, que pudiéramos decir es parte de nuestra mala esencia humana en general, los miedos y la desconfianza son tan nuestros y mutuos que no podían estar exentos en nuestra convivencia en sociedad. Nos vemos con rasgos diferentes, lenguajes, religión, tradiciones, y toda una serie de diferencias muy marcadas que aún no estamos preparados para atender y conciliar de forma saludable y respetuosa entre unos y otros. Es una situación por demás complicada para quienes su trabajo requiere de una constante relación e interlocución con personas de las más diversas culturas o grupos étnicos, cargando una especial responsabilidad aquellos que deben procurar la seguridad de la sociedad en general y, asimismo, los profesores, principalmente en escuelas primarias, secundarias y preparatorias donde se viven esos tiempos formativos de niñez, adolescencia y juventud. Al salirnos de nuestra zona de comodidad, nuestra convivencia con personas fuera de nuestro círculo personal empieza a expandirse, nuestra perspectiva de vida cambia. Grandes pilares de esta bella etapa que nos tocan sustancialmente son nuestros profesores, de ahí su transcendental responsabilidad. La Unión Europea de reciente creación es un parteaguas histórico, aun con todas sus posibles complicaciones es un esfuerzo supremo digno de reconocer y aplaudir, por sus muy diversas implicaciones en el entendimiento, aceptación de convivencia, superando las diferencias étnicas principalmente, sumando, enriqueciendo los objetivos comunes de bienestar. Pero como lo podemos constatar, en ese esfuerzo hay grupos locales que se resisten a esa nueva realidad, así como también hay grupos que buscan abusar de la apertura de integración, forzando la emigración hacia la Unión Europea, especialmente de países con grandes rezagos políticos, económicos, sociales, y en el proceso las tragedias diarias en barcazas saturadas en medio del mar, o cuerpos apareciendo en las playas se han vuelto noticia común; de tal manera que una fuerte, cruda realidad -que en mucho contribuye a la emigración- muestra muy a fondo al sentido de auto discriminación o minimización propia, y es que en muchos países, no tenemos la menor idea de lo que es gobernar por el bien de nuestros gobernados, de empoderamiento de nuestros ciudadanos, no existe un sano, saludable entendido de libertad, mucho menos de servir. Absolutamente toda actividad está sustentada para extraerle raja política en beneficio de grupos de poder y negros giros y aspiraciones. Práctica que termina convirtiéndose en una subcultura fatal para las aspiraciones supremas de cualquier ser humano a respetar y ser respetado de forma equitativa. Si buscamos lucidez y entendimiento en nuestro camino como humanidad, podemos coincidir en que aún hay mucha mala voluntad en la esencia humana, ¿quién pudiera imaginar que hemos sido tan perversos, tan malos, a tal extremo de montar zoológicos humanos? Para mostrarnos, exhibirnos al público en jaulas, como animales raros o exóticos, cómplices en esta práctica un público maravillado pagando para ver, y disfrutar de este horroroso espectáculo. A tales extremos dignos de una comedia trágica hemos llegado. Entre humanos, hoy nos es claro que la sistemática opresión y represión son pasos de reversa extrema en nuestra evolución. Quizás con nuestra evolución en un futuro próximo, nuestro cerebro tenga cambios que estimulen algunos sentidos más humanísticos. Tengo la firme convicción que dentro de nuestra esencia aun están esperando una oportunidad grandes seres humanos. Algunos gobiernos han respondido a la presión ciudadana y de algunos grandes humanistas para atender, menguar y tratar de prevenir los abusos y prácticas discriminatorias raciales, por razón de género, religión, orientación sexual, origen étnico, etc., instaurando normas legales para corregir esta viciosa práctica dentro de las mismas instituciones gubernamentales, siguiendo en el mundo de las actividades privadas, renglón en el que tenemos una gran labor pendiente con nosotros mismos, la de instaurar, aplicar en todas las constituciones y documentos legales que sustentan a todos y cada uno de los países del mundo, mecanismos de equidad y acción afirmativa que de forma sólida y paulatina combatan y prevengan la discriminación en sus más variadas expresiones, con métodos medibles en tiempo y forma. Enfatizando métodos, resultados en la enseñanza infantil que prevengan el posible abuso ya sea de víctima o victimario. En los tiempos formativos sugiero es donde debemos dedicar e invertir una fuerte cantidad de recursos, en coordinación con escuelas, familias, sociedad y entidades gubernamentales. Estadísticas de 2016 nos muestran la alarmante deserción escolar, conforme los jóvenes avanzan en su educación, muchas posibilidades y cerebros terminan desperdiciados, grandiosas oportunidades y valiosos seres humanos terminan perdidos y jamás se reencontrarán. Resulta imperativo reevaluar, en el seno de nuestras familias, lo valioso de una buena formación integral sustentada en la constante educación. Con mucha curiosidad y asombro vemos cómo algunas prácticas administrativas en algunos países, que buscando atender la discriminación y corrupción generalizada en su sociedad, terminan creando un doble mal al dar derechos extralegales o políticos a ciertos grupos o personas que bajo presión política o a cambio de negros favores, se les regalan beneficios, o se les comprometen empleos que incluso son heredables a sus familias directas, y absolutamente nadie más, ningún ciudadano común tienen acceso a esos empleos o beneficios. ¡Aberraciones constitucionales en su máxima expresión! Corregimos un mal creando otro más grande y peor. Grupos de ciudadanos específicos que, a través del tiempo, cualquier gobierno o administración al tratar de corregir esta situación se encuentra con una elite de súper ciudadanos no dispuestos a perder sus beneficios de exclusividad. La moneda de la acción afirmativa también tiene otro lado muy desafortunado, al aplicarse medidas para ayudar a individuos o familias en situaciones discriminatorias y precarias en lo general, éstas derivan en un modo de vida de dependencia que llega a convertirse en generacional, de sucesión familiar, de abuelos a hijos a nietos, bisnietos, etc. Con el agravante que en muchas sociedades termina convirtiéndose en un círculo vicioso de políticos, administración gubernamental, sociedad, cadena viciosa muy difícil de romper. En la medida de nuestras experiencias individuales por lo general en nuestras consideraciones y opiniones hay una serie de aristas por muchos lados, los humanos no somos unos angelitos. Casos muy raros históricamente cuando los individuos pueden ver y razonar con madurez y sabiduría más allá de su cerco personal; los visionarios humanistas son de esa estirpe rara, no en peligro de extinción sino de aparición. Muy raros quienes aprecian la belleza de la humanidad en su más variada y rica diversidad étnica que pudiéramos imaginar. Hoy en día nuestros jóvenes están rompiendo con viejos paradigmas étnicos y raciales, y no por designación o política oficial de sus gobiernos. La apertura de las comunicaciones inicialmente ha levantado una cortina obscura de ignorancia, desconocimiento y temor que pesaba mucho en la espalda a toda la humanidad. Hoy en día en nuestro planeta brilla una nueva luz de esperanza y posibilidades, hemos descubierto que las inquietudes y sueños de todos los seres humanos a lo largo y ancho del planeta son los mismos, especialmente nuestros jóvenes parecen coincidir más en estas aspiraciones en lo general que en generaciones pasadas. Las normas y paradigmas pasados son solo eso, cosas del pasado. Hoy en día con más frecuencia vemos jóvenes matrimonios, de los más diversos orígenes étnicos, raciales, religiosos, o lo que algunos insisten en llamar clases sociales. Muros de ignominia que estamos derribando sin violencia, con mucho amor, sin una sola arma, cero ejércitos militares, no religiones, cero injerencias gubernamentales, nos robamos la frase: Cada vez somos más, es más grande el ejército de los soldados del amor. La experiencia de la conquista, los acontecimientos de 1492, con sus consecuentes derivados, a la distancia podemos digerirla como un pequeño paso hacia ese encuentro que por nuestra innata curiosidad humana se tenía que dar. No se dio en la mejor de las circunstancias, indudablemente, pero se tenía que dar. El pasado, pasado es y nadie, absolutamente nadie puede corregirlo o cambiarlo. El resultado de ese encuentro, ese híbrido que hoy somos los mexicanos, es de admiración, incluso con solo imaginar aquel ser raro, diferente, a lo que hasta entonces era nuestra etnia indígena o española. Hoy, después de cinco siglos, estos encuentros, estas mezclas muy diversas, son ya cosa de todos los días, en circunstancias completamente diferentes, la gran mayoría llenas de amor y alegría. Iniciando nuevas vidas, nuevas familias con una riqueza cultural multicolor, derribando imaginarias de ignominia que solo las sustentaban nuestros miedos, desconocimiento e ignorancia. El rezago histórico de ciertas sociedades y grupos étnicos en gran parte es derivado por sus propias costumbres y tradiciones, sin embargo, debemos ser muy sensibles y respetuosos de su forma de vida que, en muchas ocasiones, en muchos sentidos sus fundamentos filosóficos y cósmicos tienen una profundidad y una riqueza cultural de mucha sabiduría. Con guantes blancos debemos mantener nuestra relación y convivencia con nuestros hermanos indígenas y a toda costa debemos evitar políticas públicas o actitudes personales de intimidación, denostación o abuso. Nuestra convivencia humana ha sido difícil históricamente, aún en las sociedades cosmopolitas modernas, viejas prácticas discriminatorias persisten implícitas y explicitas (la discriminación social de clase, por ejemplo). Por miles de años algunas sociedades han sustentado su organización en esta horrible práctica. Insisto que hasta hoy nadie tiene la capacidad o voluntad de elegir dónde pudiera ser nuestro lugar de nacimiento, escoger nuestra familia, color de piel, genética, etc. ¿Quién da la autoridad suprema de otorgar o tachar nombres, a ciertos grupos de personas, al herrarlos como bestias condenándoles al ostracismo? Sin duda merecemos ser mejores.

Nuestra Salud

¿Quién de nosotros no disfruta al máximo cuando nos paseamos por mercados públicos, oliendo los deliciosos aromas, saboreando las diferentes comidas típicas y no típicas, las diferentes frutas con chile, limón y sal (entre más picoso más delicioso), o en nuestras fiestas colectivas o en casa y en familia? Si de algo nos sentimos orgullosos es de nuestras recetas, esa sazón familiar que tanto nos distingue e identifica. Entre nuestras mujeres la cocina es un orgullo muy de ellas, nosotros los hombres nos ufanamos de eso, tan de ellas orgullosos, en fin, es tan rica, extensa, deliciosa, nuestra cocina que nos pasaríamos la vida comiendo si nos fuese posible. Lo disfrutamos al máximo. Cuánto se ha escrito que incluso dicen, quienes saben, que ellas nos enamoran por la barriga con lo delicioso de sus comidas, y nosotros como somos muy fáciles, nos gusta lo bueno y somos de buen comer, pues nos dejamos querer. En la mayoría de las ocasiones hasta abusamos. Históricamente nuestra comida ha sido reconocida a nivel mundial por sus delicias, incluso hoy en día varias de nuestras cocineras de comida tradicional viajan por el mundo como embajadoras de nuestro país en la promoción como destino turístico, deleitando los más diversos paladares con mucho éxito. Incluso para quienes venimos de orígenes humildes, quienes nunca habíamos tenido la oportunidad de saborear la comida mexicana preparada por reconocidos chefs o cocineros profesionales con presencia internacional, nos encontramos con comidas tradicionales con un nivel gourmet. Comida para competir al nivel de las mejores cocinas internacionales. Todo un orgullo cultural muy nuestro, mismo que a nuestros amigos de otros grupos étnicos, de diversos países del mundo, les presumimos y les compartimos guacamole, mole, pozole, los tamales en sus más diversas modalidades. Tenemos una amplia variedad de comida para competir y compartir en cualquier lugar del mundo. Pero vámonos despacio porque ocurre que la comida mexicana tradicional que consumimos en muchos lugares públicos o en casa, en muchas ocasiones abusamos porque ignoramos por completo su contenido alimenticio. Conscientes de que todo lo que comemos tiene una fuerte incidencia en nuestra salud -y esta es una verdad de esas absolutas que debemos tener muy presentes-, ("somos lo que comemos"), no en el sentido literal, por supuesto, pero sí en el que define nuestro estado de salud en lo general. Decidir ignorar la mínima información alimentaria de cualquier comida que consumamos, en muchos casos puede terminar en enfermedades crónicas, enfermedades que ya no podemos curar sino solo mantenerlas bajo control si decidimos atendernos, en muchos casos extremos pues hasta encontramos la muerte. Aquí con mucho respeto se debe aceptar la determinación que cualquier individuo desee tomar. Habrá aquellos que por nada del mundo estarán decididos a hacer un cambio radical en su alimentación, aun a costa de su salud, de su vida misma; se asumen frases y sentires tan populares, tan difíciles de borrar, como por ejemplo eso de "panza llena, corazón contento", o "que nadie se vaya a dormir con la barriga vacía" y así como estas, otras muchas que si las analizamos seriamente tendríamos que cuestionarlas porque la mayoría está muy lejos de la realidad, solo son eso, dichos populares que hay que entender en su justa dimensión. ¿Qué podríamos hacer para ayudarnos nosotros mismos ante esta situación tan ambigua? Como con muchas otras que forman parte de nuestra cultura, con las cuales nos identificamos plenamente pues somos parte de ella, encontramos que en nuestros gustos muchas veces cargamos nuestras penitencias; por mucho tiempo hemos descargado mucha de nuestra ignorancia en nuestra pobreza, nuestra pobreza la hemos convertido en nuestra gran fortaleza sobre la que nos cubrimos de todos nuestros males, si hacemos esto porque somos pobres, si hacemos aquello porque somos pobres, en fin, usamos y abusamos de la pobreza en defensa de nuestras irresponsabilidades, de nuestra falta de disposición para atender muchos asuntos básicos como seres humanos responsables. Algo tan básico, tan primordial como nuestra alimentación y salud, por nuestro propio bien no podemos seguir ignorando. Cito como ejemplo: ¿por qué razón en las familias pobres, a los niños siempre se les dan dulces? ¿En qué cabeza cabe desayunar con un refresco de cola? ¿De dónde tomamos o aprendimos tal aberración? Para sorpresa nuestra en algunos países europeos nos encontramos que se desayunan con una cerveza, claro en todas partes se cuecen habas. Lo que sí es claro es que una mente sana tiene que estar en un cuerpo sano, y aun aquellos que vivimos en situaciones precarias debemos intentar cultivar día tras día este entendido tan básico: mente sana en cuerpo sano, en nosotros, nuestros hijos, familia y comunidad. Como todas las cosas, la idea tiene que estar primero, para que entonces ocurra la acción; como en todos los cambios tanto individuales como en sociedad, los chamacos en su tiempo de formación pueden ser los mejores agentes de cambio, los adultos muchas veces somos muy difíciles, ponemos mucha reticencia para hacer cambios significativos en nuestros hábitos, en todos los órdenes, aun a costa de nuestra salud, de nuestra felicidad, muchas veces de nuestra vida. Cuán cerca y lejano a la vez de cada uno de nosotros el entendido que, así como el mundo, el universo mismo, los humanos somos entes en constante evolución; mientras más nos rehusamos a aceptar esta nuestra realidad, más rezagados y aislados viviremos en relación al resto de la humanidad. La tecnología y la ciencia son precisamente para elevar nuestra calidad de vida, de cada uno de nosotros depende esa evolución propia, tenemos la libertad democrática de decidir, así como de asumir y pagar las consecuencias de nuestra decisión. En nuestra alimentación y salud, nuestras tradiciones y costumbres tienen un fuerte peso de incidencia, nada fácil de cambiar, aun cuando en ocasiones, insisto, la vida misma está de por medio; siempre habrá quienes defenderán nuestras tradiciones y costumbres a rajatabla, contra cualquier intento de cambio. De ninguna manera hago la menor insinuación de destruirlas o cambiarlas, lo que sí intento hacer en la medida de mis posibilidades, con la mejor intención del mundo, es acercar un poco de información y sentido a todo aquel que esté preocupado por su salud, para ayudarlo a crear un poco de conciencia, tomar control de su alimentación y condición física, recordando que todos, cada uno de nosotros somos diferentes. Ninguna enfermedad o condición física nos afecta a todos igual. Sobre todo, hay que sumar esfuerzos para asumir y tomar el control de lo que comemos más allá de hábitos y costumbres. De forma paralela nuestra actividad física forma parte esencial de nuestra salud. Así como los alimentos, hábitos y costumbres, nuestras actividades físicas tienen una fuerte incidencia, desafortunadamente al pasar el tiempo e ir envejeciendo, es decir cuando nuestro cuerpo más lo necesita, pareciera que decidimos parar o disminuir de forma drástica la actividad física, muchas veces por completo, con los consabidos resultados: el aumento de peso inicialmente, la rigidez de nuestro cuerpo, la aparición de enfermedades crónicas; como si madurar y envejecer fuese un síndrome maligno designado por la naturaleza, sin embargo, tengo la firme convicción de que el cuerpo responde en sus debidas dimensiones, sin abusos o exageraciones de ninguna índole ni para bien ni para mal. Es parte del proceso de nuestra vida, para vivirla plenamente de la mejor manera posible, con sus respectivas limitantes que nos aplican a cada cual, en su determinado momento, conociéndonos a nosotros mismos físicamente en este caso en particular. Los alimentos procesados que hoy en día encontramos por todos lados, tienen un efecto súper negativo en nuestra salud; de forma alarmante pareciera que nuestras autoridades de salud, así como muchas empresas sin mayor consideración que la producción industrial barata, con beneplácito y sin consideraciones los permiten para el consumo y comercialización general. Asimismo, la sociedad se ha despreocupado de forma irresponsable en cuidar lo que consumimos diariamente. Con la aglomeración y rápida emigración hacia las grandes ciudades, muy pocas personas producimos de forma orgánica los productos básicos que consumimos, como vegetales o huevos; hemos evolucionado a una forma de vida muy práctica, consumista e inconsciente, que sin duda alguna la naturaleza nos cobrará la factura al corto, mediano y largo plazo, primero que nada, en nuestra salud. Una pregunta obligatoria sería: ¿Cómo detener esta carrera consumista y la producción de alimentos manufacturados, procesados industrialmente, para consumo humano, pero como si fueran para robots mecánicos? Mi respuesta a ésta y muchas otras interrogantes de esta naturaleza, es la misma, tenemos que integrar una buena dosis de sentido humanista en nuestros avances científicos y tecnológicos, incluyendo nuestra producción de alimentos. De continuar esta línea de producción y consumo irresponsable, los porcentajes de enfermedades hoy tan comunes se seguirán disparando en toda la población desde temprana edad. En la actualidad un problema tan simple, tan básico como el sobrepeso, está tan presente en todos los estratos sociales, en toda la sociedad, sin tener contemplado un futuro prometedor saludable para quienes se encuentran en esa situación. Por el contrario, muchos jovencitos a una temprana edad empiezan a sufrir los problemas del sobrepeso, enfermedades como la diabetes, la alta presión, era muy raro en jovencitos hace solo unas décadas. Estudios socioeconómicos serios han identificado claramente la gran incidencia de enfermedades o padecimientos muy similares en sectores de la sociedad que viven en las mismas zonas postales, colonias, barrios, etc. La mayoría de las personas compra sus productos alimenticios y de uso diario por lo general en los mismos lugares, consumen el mismo tipo de alimentos, vegetales, aceites, carnes, agua, etc., lo cual nos da información muy clara de los efectos específicos de hábitos alimenticios y de ciertos productos de consumo. Quienes se encuentran en una situación muy vulnerable y de alto riesgo, definitivamente son las zonas de población con menos recursos e ingresos económicos, pésimos o nulos servicios de salubridad, una muy limitada o falta de educación, así como hábitos insalubres en la preparación y consumo de sus alimentos diarios. Situación nada agradable tanto para la sociedad en general, como para las autoridades en sus diversos niveles, la infraestructura básica para atenderla tiene que involucrar a todos los afectados, desde ciudadanos hasta instituciones, la concientización y el reconocimiento de la cruda realidad es elemental si se busca atender y resolver cualquier situación similar a la que aquí se describe. Si el individuo en sí mismo no está consciente de su realidad, el proceso de atención y la posible movilidad social es mucho más lenta y difícil. Algo tan simple como el consumo de agua potable, el establecimiento de un método de verificación de la calidad de la misma, para consumo humano es imperativo para la salud. Se requiere cualquier método certificado público o privado con tecnología de punta, métodos naturales, filtración, etc., cualquiera mientras sea verificable es válido, lo contrario es mucho más caro y peligroso para nuestra salud en general. La concientización -poderla aceptar y conceder- es básica y elemental. Considerar siempre la pobreza como el sostén y baluarte de nuestras enfermedades y desgracias, queda sin argumentos ante la imaginación y creatividad humana, aun ante las situaciones más adversas. Hoy en día con el fácil acceso a la información, de la mano con la inquietud humana, no existe razón que pueda detener el inicio de la movilidad social de los más desafortunados en cualquier lugar del mundo. Cosa aparte son nuestros hábitos y costumbres para ejercitar nuestro cuerpo, en generaciones anteriores los juegos infantiles estaban cargados de una buena dosis de ejercicios básicos. Correr era muy básico, hacer recorridos en bicicleta incuestionable y divertido, los juegos con las manos desde las canicas, trompo, balero, baseball, voleibol, etc., toda una diversidad de actividades que solo han quedado en nuestros recuerdos... resulta enorme la diferencia de los juegos infantiles de hoy en día, razones sobran que justifican la incidencia de altos niveles de glucosa en la sangre y enfermedades crónicas, así como el exceso de peso de muchos jovencitos. Insisto, por un lado, la tecnología y ciencia avanza a grandes pasos, por otro lado, el adormecimiento, el entorpecimiento de nuestro cuerpo debido a nuestra falta o nula actividad física se dispara de forma alarmante a lo largo y ancho de la sociedad. ¡Aquí sí, sin la menor exclusión o consideración social! La cultura o educación física en nuestro grupo étnico aún está muy lejos de ser ideal para que tenga una fuerte incidencia en nuestra forma de vida, pareciera que el ejercicio físico aun lo percibimos más como un castigo que como un beneficio, no hemos logrado aún hacer esa conexión de mente sana en cuerpo sano y viceversa. Lo anterior es una quimera para muchos a quienes aún la pereza nos pesa más que la disposición para cuidar de forma adecuada nuestra salud y condición física. Nuestras rutinas, disciplinas de ejercicio y deporte son muy limitadas y obsoletas, tanto en lo individual como en lo general, tanto de esparcimiento como de alto rendimiento, y sin embargo sin duda somos una sociedad joven, con un potencial enorme en las más diversas actividades físicas y deportivas. Nuestra participación en los diferentes eventos por equipo o individual a nivel profesional tendrán que servirnos de pauta para prepararnos cada vez mejor, o simplemente para elevar nuestra calidad de vida, asimismo, si aspiramos a estar participando entre los mejores deportistas y atletas de alto rendimiento del mundo, hoy por hoy tenemos el gran beneficio que nos da el avance tecnológico, al tener acceso a toda la información requerida. Desde parámetros físicos y alimentación hasta métodos de entrenamiento deportivo, en los más diversos niveles, de manera científico-tecnológica, que bien podemos aplicar en nuestros atletas de alto rendimiento, como en las diferentes disciplinas y deportes de esparcimiento, aficionados o amateurs. Por ahí tenemos unos grandes enemigos comunes que de forma drástica y alarmante nos atacan tanto de manera individual como en lo colectivo, que de ninguna manera debemos desatender o dejar de lado. Inicialmente debemos aceptar y reconocer que son nuestros enemigos, ellos son nuestras adicciones, el caso específico más común y que más nos pega: el alcoholismo. Cuánta tragedia, familias desintegradas, vidas humanas, carreras profesionales, políticas, deportivas, así como aspiraciones truncadas de grandes y valiosos individuos de nuestra sociedad de los más diversos estratos sociales. Todo un abanico muy nutrido de negras, dolorosas y amargas historias. Con el cinismo clásico que nos distingue de minimizar, disminuir lo grande y engrandecer o exagerar lo pequeño, quienes padecemos esta común adicción tendemos a negarla de manera enfática, despreciando la más mínima consideración; cuántas veces tantas frases tan comunes del adicto hemos escuchado, que ni siquiera vale la pena repetir de tan recurrentes que se han vuelto, tanto que forman ya parte de esa subcultura popular en nuestro querido México y en muchas partes del mundo. No hay sociedad exenta a esta calamidad que es el alcoholismo. Por ahí existe una pintura muy dramática de 1820, clara e ilustrativa acerca del alcohol. El rey alcohol y su ministro la muerte. El alcohol encabezando el cuadro, al centro en un podio personas borrachas tiradas en el piso, personas llorando, unos celebrando, otros peleando, familias sufriendo hambre, limosneros, toda una serie de tragedias y al frente de ellas, encabezando todo el cuadro: El rey alcohol y su ministro. El término alcoholismo es un término amplio y definido, es cuando cualquier cantidad de alcohol consumido causa problemas. Estudios bien fundamentados nos indican que hay dos factores sumamente importantes en la incidencia del alcoholismo, el entorno social y la genética, el 50% del riesgo es atribuido a cada uno, el entorno social y nuestra genética. Cualquier joven con alguno de sus padres siendo alcohólico tiene entre 30 y 40% más posibilidades de volverse un alcohólico. Diferencia enorme la de un joven donde ninguno de sus padres tenga ese problema. La situación que prevalece en el entorno social inmediato son factores de fuerte influencia social y cultural, así como en nuestra conducta personal, caldo de cultivo perfecto es nuestro entorno para hacer presa fácil de muchos jovencitos a temprana edad. Actualmente, la incidencia en nuestras jóvenes señoritas se ha elevado a cifras

alarmantes, sus nuevas formas de pensar más liberales, por desgracia no han sido encaminadas por muchas de ellas para elevar la calidad de su nivel de vida. En el caso de los hombres, ese tonto machismo absurdo y mal entendido, cargado de una fuerte dosis de ignorancia, tan popular en nuestra subcultura, es una fuente inagotable de posibles víctimas del alcohol. Figuras de la Organización Mundial de la Salud estiman que un 5% de la población mundial tenemos este problema del "síndrome de dependencia alcohólica" como hoy le llaman, un gran porcentaje de incidencia se inicia entre los 12 y los 15 años de edad. Quienes en algún momento u otro de nuestra vida experimentamos o vivimos esta situación o condición, sabemos la realidad y magnitud del problema en todos los frentes de nuestra vida, no hay -la verdad sea dicha- nada que presumir, por el contrario, muchísimo que lamentar; pero también mucho más por retomar después de reconocer, corregir, aprender, dar un giro a nuestras vidas libres de esta pesadilla que es el alcoholismo, en el entendido que como los enemigos disfrazados, corrientes y vulgares, siempre estará al acecho, justo en nuestros momentos de debilidad, para ofrecernos su consuelo y cubrirnos con esa falsa bruma preferida de la inconsciencia, ladrón de sueños y aspiraciones, asesino de hombres y mujeres buenos en quienes su mayor razón o defecto, muchas veces ha sido el haber venido al mundo en condiciones o situaciones para ellos completamente ajenas, fuera de su control.
Nuestra salud tanto física como mental, tiene connotaciones y apreciaciones de muy diversa índole, muchas veces somos víctimas de nuestro

origen genético, o nuestro entorno socioeconómico, son muchas las posibilidades tanto a nuestro favor como en contra, pero lo que mayor relevancia sin duda tenemos que aceptar es nuestra constitución de evolución humana. Entre mayor y más rápido sea nuestro entendido y aceptación de nuestra realidad individual, estaremos en control de empezar a decidir nuestro presente y nuestro futuro, así como en la medida de nuestras posibilidades, de incidir en nuestro entorno social inmediato, nuestra familia, nuestra comunidad. Lo contrario ocurre cuando cerramos las posibilidades de conocernos a nosotros mismos, cuando aceptamos nuestro pasado como una tragedia a cargar y sufrir por el tiempo de nuestra vida y nuestras futuras descendencias, negándonos a forjar conscientemente nuestro presente y futuro. Al brindarnos la oportunidad de conocernos a nosotros mismos, nos daremos cuenta que somos seres en constante evolución, lo que pensamos es lo que somos; ahí cabe la precaución mayor de no aferrarnos a dogmas falsos de cualquier índole, es mucho muy peligrosa la subcultura popular basada en suposiciones. Nuestra salud física y mental son cosas sagradas que debemos cuidar como lo que son, los más sólidos baluartes de nuestra vida.

Los Emigrados

Por su naturaleza misma, los movimientos del hombre a lo largo y ancho del planeta se han dado de forma muy natural por cuestiones tan diversas como los cambios climáticos, sus necesidades de subsistencia, sus inclinaciones hacia las diferentes actividades ocupacionales, agricultura, caza, etc. Conforme avanza nuestra evolución a través de los siglos, ese movimiento continúa, ese ir, venir y devenir, toda una serie de transformaciones en muy diversos órdenes se dan por doquier que el hombre se hace presente, o que se ausenta muchas veces obligado por la madre naturaleza, que está tan viva como siempre; muchas veces por inquietudes propias, otras, quizás las más dolorosas, obligados por circunstancias de sobrevivencia, acoso, peligro de aniquilación, extinción por el mismo hombre o bestias salvajes. El movimiento nos viene de forma natural, cuántas historias, mitos de nuestros ancestros en todas las diferentes culturas, orígenes donde nos refieren ese peregrinar, ese caminar, ese navegar en busca de la tierra prometida para que después de varios siglos, encontremos que aquellos asentamientos humanos eran abandonados para seguir ese peregrinar en la búsqueda de la tierra prometida, quizás por asuntos cósmicos, religiosos, naturales, filosóficos, etc. Por demás interesante la secuencia cronológica de muchos grupos étnicos en sus movimientos migratorios, las distancias que tuvieron que recorrer -y que hoy podemos corroborar- para hacer sus asentamientos en circunstancias muy difíciles, por muchísimo tiempo. Identificamos claramente esa evolución que el ser humano ha vivido a través de los siglos, cuando nos encontramos ante cosas tan rudimentarias y rústicas que, en su época, a su manera usaron, como el fuego, las cuevas, las chozas, las armas, pinturas, jeroglíficos, escritura, idiomas, matemáticas, etc. etc. La transformación, la evolución humana en su mejor expresión, y así sucesivamente hasta nuestros días. Un gran cambio se da cuando aquellos grupos nómadas se establecen, empiezan los establecimientos de grandes ciudades, florecen culturalmente. Las generaciones sucesivas se dan de forma natural, nacen, echan raíces y mueren en su lugar de residencia; desarrollan, mantienen, conservan una tradición sedentaria de arraigo histórico muy fuerte con su lugar de residencia. Pudiera pensarse que la vida sedentaria se da al aparecer la agricultura y ganadería como forma de vida, la necesidad de supervisar sus cultivos, sus cosechas, aunado sin duda a muchas consideraciones filosóficas, cósmicas, mitos, etc., en su momento y tiempo histórico. Pero la humanidad en lo general ha tenido como elemento de su desarrollo, la emigración de norte a sur, de este a oeste, en todas direcciones, en todos los tiempos. El establecimiento de las sociedades sedentarias, de las ciudades-Estado, empieza a dar origen a la apropiación de extensiones territoriales por medio de la fuerza y la violencia; el establecimiento de fronteras y colindantes donde por lo general el grupo más fuerte o ganador de equis batalla establecía los límites del territorio bajo su jurisdicción, así, a grandes rasgos la misma historia continúa a través de los siglos en muchos rincones del mundo, y con ello la humanidad da un cambio sustancial en muchas de sus percepciones, de forma muy particular en la apropiación terrenal; quizás pudiésemos decir que en ese entonces da inicio la repartición de la tierra en sus diferentes modalidades, así como a darle un poco más de formalidad a los liderazgos étnicos de su tiempo y, desde entonces hasta nuestros días, el deseo del más fuerte de dominar las más grandes y posibles extensiones territoriales. Se crean o inventan conflictos perversos, algunos tienen éxito, se anexan lo más posible, guerra tras guerra a lo largo de los siglos, el mismo fin. Ya más cerca de nuestro tiempo, ocurren los fenómenos de las conquistas, los colonialismos, con todas las experiencias, sabores y sinsabores que ello implica: por lo general de forma muy brutal y salvaje, aniquilando toda la historia e intentando desaparecer como por arte de magia la cultura de los pueblos invadidos, conquistados; otros de forma más benévola mezclando las respectivas culturas y etnias en un colonialismo híbrido, menos doloroso, pero siempre con la imposición de los más fuertes o hábiles en su momento. La sujeción, el sometimiento de los más débiles, de los vencidos, ha sido la norma, estableciendo límites territoriales que hasta hoy en día dividen al mundo. Podemos tener la seguridad de que el establecimiento de países, su desaparición, su reaparición, su repartición, en fin, todo lo que tiene que ver con los límites territoriales de países y fronteras de hoy en día, en ningún momento fueron acordadas de la mejor forma pacífica o en común acuerdo por los más nobles humanistas o los más iluminados seres humanos, o en el mejor estado de condiciones. Caso reciente -difícil de olvidar- el de la India de Gandhi, y el país que hoy es Pakistán… cuánto dolor, cuánta sangre derramada entre hermanos. Las fronteras que hoy dividen al mundo han costado muchísima sangre, violencia, abuso, traiciones; sin temor a equivocarnos podemos decir que las fronteras son resultado de lo más negro, feo y obscuro del hombre. Lo que hace tiempo fue nuestra lucha por la sobrevivencia tanto individual como en grupo se ha transformado, al paso del tiempo el hombre se ha convertido en una víctima presa del desconocimiento o ignorancia de su origen nómada, con mente de muy corto alcance hacia el pasado, su presente o hacia su futuro. El arraigo sedentario cortó nuestro entendido histórico, forzados, secuestrados cultural y comercialmente hoy en día tenemos muchos victimarios que recurren a la denostación, a la violencia y al desprecio hacia muchos de aquellos que hoy, por razones de sobrevivencia, abuso, amenazas de muerte, un sinfín de razones, salvajes en muchos casos, buscan su tierra prometida, un lugar donde puedan florecer como en los viejos tiempos. Distintos tiempos, mismos deseos: florecer como seres humanos, con la gran diferencia que hoy ya valoramos un poco más conscientes nuestra libertad. Sin embargo, es justo reconocer que la humanidad en estos menesteres de movimientos poblacionales aún tiene un largo camino por recorrer, encontrar fórmulas aceptables tanto para quienes están en movimiento por las más diversas causas, como para las sociedades que eventualmente reciben a estos grupos tan identificados por todo mundo, en todos los idiomas, en todas las culturas, con esa connotación tan especial incluso en nuestros países de origen, de paso o destinatarios: los populares Migrantes. Resulta un tanto aberrante encontrarnos con situaciones dentro de un mismo país -origen y destino- los mismos grupos étnicos, con la misma cultura, incluso en la misma región, aún ahí, el desprecio, la minimización, la denostación, aparecen como algo que no puede ser de ninguna otra manera. Casos muy raros como garbanzos grandotes, cuando nos encontramos con personas amables que incluso dan la bienvenida a sus nuevos vecinos. Si esto ocurre, aún en grupos de la misma etnicidad y cultura, su mismo país, región, etc. y somos vistos como bichos raros, imaginemos a aquellos que eligen emigrar, o por cualquier razón deciden o son forzados a salir de su país. La magnitud de los obstáculos crece exponencialmente con culturas muy diferentes a las nuestras, especialmente en aquellos países donde han permanecido muy cerrados y se ha dificultado la partida de sus ciudadanos hacia el exterior y posible emigración, así como la entrada y posible establecimiento de ciudadanos de otros países o grupos étnicos como inmigrantes. Políticas públicas en este sentido hasta hace poco tiempo prohibidas y sancionadas fuertemente en muchos países del mundo, creando una fuerte animosidad ciudadana hacia los extranjeros -si así nos podemos llamarnos- con los consecuentes resultados de un desenfrenado nacionalismo, orgullo popular mal entendido y sin fundamento, un desconocimiento brutal, atroz, de nuestro origen humano nómada; con un Estado policiaco controlador desde lo que leemos hasta lo que comemos, intentando manejar, vigilar, hasta nuestras inquietudes humanistas. Lecciones brutales las que hemos tenido que aprender los seres humanos. Esas fronteras, esas líneas son causa de un celo, una preocupación de subsistencia, independencia, soberanía, libertad, etc., todos los conceptos que se nos ocurriera dar, la verdad es que, mejor pintamos nuestra raya, no vaya a ser la de malas que los vecinos se vuelvan locos, nos quieran invadir, asesinarnos, apoderarse de nuestro territorio, ¡cuánto miedo nos tenemos entre nosotros mismos!, miedo de esos que no son de fácil cura, tanto de forma individual como en sociedad. El otro lado de la moneda nos muestra un mundo donde la facilidad para movernos a lo largo y ancho del planeta se empieza a ver como algo más normal. Con la excepción de algunos cuantos, entrar y salir de muchos países se hace con relativa facilidad, con ello el intercambio cultural está dando saltos cuantitativos, cualitativos, y de mucha trascendencia para bien de toda la humanidad, en ello como buenos humanos que somos, la mezcla de etnias que hace no mucho tiempo fue muy dolorosa, hoy en especial nuestros jóvenes están sentando nuevos precedentes. Aquello que se llamaba híbrido, que tanta admiración y sobresaltos históricos por siglos ha causado, por lo que incluso hay quienes se sienten lastimados por su ascendencia -como si cada cual pudiese haber escogido su origen, etnia o familia-, va siendo cosa del pasado. Ya vemos mezclas preciosas, muy diversas, por todo el mundo, desde mexicanos y asiáticos, afro-mexicanos, iraníes y mexicanos... por nombrar solo algunas de nuestras mezclas, sin dejar de considerar las que se dan ya a nivel mundial con bastante aceptación entre las más diversas razas y grupos étnicos, esta apertura, este encuentro global sienta nuevos y diferentes precedentes con la posibilidad de un mejor entendimiento entre todos los seres humanos. La movilidad, la inmigración y emigración en su mejor expresión. Afortunadamente, cada vez son menos los países donde aún existe reticencia a la apertura para que sus ciudadanos puedan viajar al exterior cuando gusten y les sea posible. Políticas hoy en día ya muy arcaicas que por lo general van de la mano con violaciones a los derechos humanos básicos como la libertad de expresión, de asamblea pacífica, libertad religiosa, libertad para elegir a sus gobernantes, etc., todos esos derechos humanos universales, constitucionales, ya reconocidos en la mayoría de las democracias y países libres. Esa cerrazón aísla, limita el derecho de sus ciudadanos a la convivencia e intercambio cultural con otros grupos étnicos o raciales, por norma general en estos mismos países sus gobiernos complican burocrática y legalmente la comunicación, y los viajes y visitas de ciudadanos extranjeros a su territorio; dificilísimo pensar en lo complicado que sería emigrar para cualquier ciudadano libre, demócrata, hacia estos destinos. Pero esa libertad innata que los humanos hemos buscado a lo largo de nuestra historia, para dar florecimiento a nuestra cultura y manera de ser en forma integral se impone. La libertad sin duda es el elemento principal tanto para el individuo como para la sociedad en su desarrollo y bienestar. Quienes hemos tenido la fortuna de emigrar, visitar diferentes países y culturas, podemos de forma impresionante sentir los cambios tan radicales en nuestra forma de percibir, entender y aceptar las diferentes culturas en sus más diversas expresiones. Un antes y un después muy marcados. Sin duda el conocer y el viajar nos hace los nómadas de hoy en día: Somos ciudadanos del mundo, y cada vez somos más, experimentando, viviendo, conociendo, disfrutando la riqueza cultural de toda la humanidad, poco a poco rompiendo barreras y fronteras imaginarias que nos han impuesto. Lo trágico de los movimientos poblacionales hoy y siempre ha sido la emigración forzada, el éxodo, la expulsión. La de forma natural es más aceptable, aquí me refiero a cuando emigramos por desastres o causas de la naturaleza, ya que la madre naturaleza se expresa, nos ordena, nos indica con claridad, quién es quién. Por otra parte es muy lamentable cuando gobernantes o grupos delincuenciales en sus más diversas expresiones, seres iguales, comunes y corrientes como todo mundo, abusando de su poder ya sean funcionarios electos, impuestos o simples maleantes, los más con fines muy perversos, fuerzan a ciertos sectores de su sociedad a emigrar contra su voluntad, en condiciones muy paupérrimas y degradantes, arriesgando su vida, la de sus familias, sin un destino definido, sin recursos económicos o legales, solo apelando a la buena voluntad de quien encuentran en su camino. Caso y consideración aparte es la trata de personas, donde la mayoría de los casos se da en la vulnerabilidad de los menores de edad y en las jovencitas, redes internacionales, nacionales y locales organizadas con intereses económicos muy perversos, (el salvajismo del hombre en su peor expresión), nunca terminamos de impresionarnos, hace días me enteré con mucho dolor que incluso han existido zoológicos humanos. La ONU se ha vuelto una tribuna internacional muy necesaria, hace grandes esfuerzos en la concientización y atención a estos asuntos de migrantes y refugiados en todo el mundo, esfuerzo digno de reconocer y apoyar en la medida de nuestras posibilidades; el atraso de tantos países, el rezago en su organización interna gubernamental, es una cuenta pendiente de la humanidad en general. Los cacicazgos, las dictaduras, todas las prácticas de opresión institucionalizada contra el hombre, merecen su lugar solo en los libros de historia; los avances tecnológicos y científicos tienen que ir de la mano de un gran humanismo, todos los grandes esfuerzos y avances de la humanidad tienen que tener incidencia en nuestra calidad de vida e impulsar la generación y el desarrollo de mejores seres humanos. Flaco favor nos hacemos al enfocar toda nuestra energía y esfuerzo a lo material, científico, tecnológico etc., pero nos olvidamos por completo de nosotros mismos, de la humanidad. Los migrantes, los ciudadanos del mundo urgimos a este salto cualitativo, por mucho tiempo nosotros los migrantes hemos vivido bajo una connotación dolorosa que inicia en el momento de abandonar nuestro lugar de origen o nacimiento; el simple hecho de nacer en equis lugar nos da un arraigo, un sentido de pertenencia, nuestra historia inicia ahí, en ese lugar donde nacimos. Por lo general nunca nos preocupamos por saber cómo fuimos a nacer ahí, solo sabemos que aquí nacimos y de aquí hacia adelante. ¡El mundo empieza con nosotros! ¡Cada cual con su historia! Emigrar duele inicialmente, pues ese lazo de pertenencia nunca vuelve a ser el mismo, el espíritu natural nómada reaparece y se fortalece, empezamos a caminar por el mundo - descubriendo mundos diría Cristóbal Colón- y eso las instituciones gubernamentales que hemos creado los hombres, no lo han contemplado, no se ha entendido ni sustentado de forma integral, no hemos sabido cómo manejar esta situación, estos movimientos de seres humanos más allá de las fronteras que nosotros mismos en nuestra ignorancia, miedo o abuso nos hemos impuesto... una característica propia de aquella transformación de hace siglos del nómada a la vida sedentaria, con la excepción de que hoy en día ya nos repartimos el planeta completo, marcamos nuestras rayas fronterizas, las defendemos hasta la muerte, al precio que sea que tengamos que pagar. Mucha tecnología, mucha ciencia para tan poco avance. Una vez dados los primeros pasos en este camino de la vida, por inercia nos vamos hacia lugares donde -de forma institucional- es posible dar lo mejor de nosotros mismos en libertad, bajo esos cánones básicos de respeto, seguridad, armonía, trabajo, empleo, creatividad, etc., que ya están plasmados en varias constituciones políticas, en algunas de forma muy brillante en varios países del mundo. Complejos que somos los seres humanos: Huimos, nos vamos, emigramos, buscamos libertad, creamos fronteras imaginarias y físicas, para proteger y salvaguardar esa libertad que tanto buscamos. Ambiguos que somos, coincidiremos en que son muy pocos, raros, los casos donde optamos por lo contrario: ir de una sociedad libre a una sociedad controlada, limitada fuertemente por el Estado. Nuestra historia reciente con el colapso del comunismo no nos deja mentir. En libertad -aún con toda la carga de responsabilidades que lleva en sí mismo el concepto-, al paso del tiempo como humanidad le hemos sabido dar el valor adecuado en su correcta dimensión. Una sociedad, un Estado o un país que coarta, oprime, restringe, negando la libertad de sus ciudadanos, es un país en peligro de extinción. La libertad es el paso básico de cualquier ser humano para su desarrollo en forma integral. Tenemos que reconocer la gran labor que han hecho algunos seres humanos muy brillantes, en diversas épocas, al documentar y garantizar esos derechos humanos básicos y establecer una sociedad más armónica, de ninguna manera perfecta, pero si con mucha más igualdad de posibilidades para sus ciudadanos, por lo menos, ya que aún nos queda muchísimo trabajo por hacer en cuanto a legislar en torno a aquellos migrantes que llegan a estos países, para no verlos o atenderlos como grupos despreciables, peligrosos, débiles, vulnerables, sino al contrario, con mucha sensibilidad, con capacidad, establecer mecanismos legales para su rápida integración a la nueva sociedad en un entorno de respeto y aceptación de la diversidad cultural que todo este proceso requiere. Actualmente algunos gobiernos hacen una labor muy encomiable en este sentido, pero otros están haciendo exactamente lo contrario, precisamente con los más necesitados, esos seres humanos forzados a emigrar por circunstancias fuera de su control. Hoy muchos migrantes están detenidos en cárceles por haber llegado a equis frontera en búsqueda de ayuda o protección. En el caso muy particular de nosotros como mexicanos, con nuestra situación geográfica considerando a nuestros vecinos hacia el sur y hacia el norte, con las respectivas consideraciones político económicas, somos un territorio que se presta fácilmente para el flujo de personas de forma irregular, más que nada hacia el norte, hacia Estados Unidos por lo atractivo de su economía. A lo anterior se le agrega el fuerte flujo de drogas por el alto consumo de las mismas en ese país, todo lo cual crea una situación bastante compleja de atender por todos los involucrados y afectados, grandes retos tenemos frente a nosotros en las próximas décadas, importantísimo será mantener un diálogo de alto nivel entre los países del Centroamérica y Norteamérica. Los niveles de la calidad de vida tienen que elevarse sustancialmente en los países y comunidades más rezagadas, imposible evitar la emigración forzada mientras grupos criminales aterroricen o asesinen a la población de forma impune, los gobernantes mismos envueltos en escándalos de corrupción, opresión y desatención alarmante. En la ciudadanía, en lo general, urge empezar a desarrollar una cultura de convivencia sana y productiva, pues esa actitud salvaje y violenta de oponernos a todo lo que promueve educación, evolución y desarrollo, no puede ni debe ser la norma de cada día; si nuestras inquietudes y deseos están en una vida sedentaria, lo menos que podemos hacer es aceptar las bases para una convivencia ordenada y en armonía, respetando los derechos básicos de terceros, así como el intercambio, la aceptación cultural de quienes somos ciudadanos del mundo, los migrantes.

Sumario

Desarrollo Humano

Al tratar el tema del desarrollo humano de forma muy personal, asumo que va encaminado a desarrollar a la persona para dar lo mejor de sí mismo, en un contexto de enriquecimiento humanístico. Sin duda habrá quienes cuestionen esta perspectiva, especialmente quienes aboguen y sustenten ideas meramente materialistas, por lo que no creo posible que podamos coincidir de forma plena en nuestras observaciones sobre la diversidad y otros temas de fondo, tan trascendentes para la humanidad como son su desarrollo, evolución y nuestro futuro. Sin embargo, sustento mis opiniones en este diálogo basado en nuestro origen salvaje animal, en los procesos que hemos vivido en esta aventura que es la vida en este nuestro entorno que es y ha sido el planeta que hoy está más vivo que nunca, con su naturaleza y su presencia en el universo mismo. Todos los avances filosóficos, tecnológicos o científicos creo que pierden su razón de ser si no son para beneficio de la humanidad misma. Desde el control, la sumisión mental o espiritual, la producción industrial de armas de destrucción humana y material, el control y abuso de recursos naturales para beneficio económico de unos cuantos, el control de medicinas y enfermedades desde cuartos corporativos o gubernamentales, por citar solo algunos ejemplos, son aspectos, ideas y prácticas de muy obscuro origen, cuyos objetivos sin duda han envenenado nuestro espíritu humanista. Por eso ubicar nuestras fortalezas y nuestras limitaciones, tanto en lo individual como en lo social, es de primera importancia. Aunque resulte un tanto ambiguo, la prioridad es definir hacia dónde vamos. No es difícil concebir el posible futuro de la humanidad, si todos hacemos un esfuerzo y ponemos un extra de humanismo en nuestro pensamiento y actividades diarias; no solo es posible, es muy seguro, lo hemos probado científicamente: El cerebro y el cuerpo responden al estímulo, tenemos que darnos la oportunidad de mostrar lo mejor de la humanidad en general y en lo individual. ¡Lo merecemos!

Desarrollo Económico
Podemos considerar las prácticas comerciales de la humanidad como un elemento permanente en nuestra existencia y evolución. Desde el simple intercambio -practicado entre ciertas sociedades étnicas y comunidades indígenas, alejadas del pago con dinero o moneda-, que ha sido una costumbre humana, sencilla y básica, e incluso aún hoy, hay quienes abogan por su práctica en contraste con el capitalismo y el consumismo desenfrenado. Como humanidad nuestra evolución económica la hemos basado en la acumulación de dinero y riqueza, a la cual nosotros mismos le damos el valor o se lo quitamos. Lo hemos sistematizado de una forma cíclica, piedras preciosas, metales, hidrocarburos, etc., incluso le entramos al juego de la especulación. Actualmente estamos viviendo el rápido fenómeno de desaparición de la moneda y entrando de lleno a las transacciones virtuales con la tecnología financiera. Interesante será ver qué ocurrirá con la valoración tanto de productos y servicios, es decir, si continuaremos con los diferentes tipos de moneda por región o país… ¿o nos moveremos

hacia una sola moneda o valor de intercambio en todo el mundo? Sin embargo, los rezagos históricos de ciertas regiones y sus poblaciones son pendientes que demandan una urgente atención, pues las disparidades históricas ahí están cual heridas vivas. Ante ello los sistemas y métodos de educación necesitan estar en una constante actualización. Los desarrollos humano y económico tienen que ir de forma paralela. La filosofía humana que nos guíe hacia el futuro, si somos optimistas, requiere de mentes muy, pero muy brillantes, cargadas de una fuerte dosis de humanismo; la opción opuesta ya la hemos vivido. Nuestros actuales, y nuestros futuros gobernantes y administradores tienen y tendrán frente a sí mismos una labor de magnitudes monumentales... citando a Don Melchor Ocampo: El Desarrollo Económico requiere de políticas públicas que se complementen entre sí, las necesidades básicas debemos atenderlas si habremos de aspirar a llevar la humanidad a nuevos niveles de desarrollo y posibilidades.

Libertad e Independencia

A primera vista pareciera que nuestro conocimiento de libertad e independencia debiera ser un entendido como verdad absoluta, sin el menor cuestionamiento o duda, pero resulta que en nuestro proceso de desarrollo humano se dan y manejan una serie muy diversa de interpretaciones. Algunas situaciones muy básicas serían por ejemplo: Nuestra libertad espiritual, libertad política o libertad económica, las cuales tienen un peso fuertísimo tanto en nuestra vida individual como en sociedad, con una incidencia muy profunda en nuestros tiempos de formación e infancia ya que nos marcan, nos dejan huellas para toda la vida, lo cual en muchas ocasiones y solo a través de un ejercicio de concientización a fondo podemos sacudirnos y reprogramar nuestras perspectivas y entendidos de libertad e independencia. Los miedos y las liberaciones físicas y mentales que vamos experimentando a lo largo de nuestra vida, pareciera que son un común denominador sobre el que giran nuestra libertad e independencia. Como muchas cosas que en el seno de nuestra familia germinan y se cultivan, la conquista y liberación de nuestros miedos tienen ahí su base e inicio. En el caso de la sociedad, nuestro entorno con sus costumbres, sus políticas públicas, tradiciones, leyes tanto civiles como religiosas, son un parámetro claro de nuestros entendidos de libertad. Por lo general, un estado religioso definido, y el caso opuesto un estado laico; dictadura militar; socialismo; democracia participativa; una república o una monarquía en su caso, etc. Debo hacer la acotación de que el ser humano en su naturaleza es inquieto, no se puede pensar que no habrá quienes, en las más complejas situaciones, asuman una responsabilidad individual de cambiar conscientemente -aun a costa del riesgo de su propia vida- su status de libertad. Prueba de ello son las luchas independentistas a lo largo de nuestra historia; o los casos contrarios donde por medio de referéndums se ha elegido permanecer bajo un sistema de gobierno monárquico y no bajo una democracia republicana. Es difícil ubicar al hombre en un estado de libertad y armonía absoluta

Tradiciones y Costumbres
Como muchas de las batallas que los humanos de forma constante estamos enfrentando y atendiendo, nuestra educación no es la excepción. Nuestras inquietudes innatas desde nuestro nacimiento, con las experiencias que poco a poco vamos viviendo de forma natural, nos empujan a la investigación y experiencia física. Gracias a las escuelas de enseñanza y aprendizajes establecidas y hasta donde hemos podido desarrollarlas, intentamos integrar a la mayor cantidad posible de niños y jóvenes en esta dinámica. Como toda actividad humana, la educación no está exenta de cuestionamientos, discrepancias en sus métodos, programas y objetivos. Los rezagos educativos más fuertes se sustentan en un círculo vicioso de miedos, desconocimiento e ignorancia que frenan la evolución sustancial de las comunidades víctimas de estas circunstancias. Pareciera que se pensara que cualquier programa o método estuviera escrito en roca, desconociendo u olvidando por completo que la educación es una evolución constante, que está en nuestra naturaleza misma. No podemos excluirnos nosotros mismos ni excluir a nadie, al hacerlo vamos contra corriente de nuestra naturaleza, pruebas de esta realidad no es muy difícil encontrarlas en nuestra vida diaria, aún en países y sociedades con un buen nivel de desarrollo socio-económico. Frente a nosotros tenemos una gran responsabilidad para promover y desarrollar inicialmente centros educativos de fácil acceso a toda la humanidad, sin importar líneas de pensamiento espirituales o políticas, y donde el estímulo al conocimiento sea la base, sustento y razón de los mismos. Los vicios

mentales y emocionales que los adoctrinamientos de cualquier género causan en el ser humano, nos pesan, nos abruman; nuestra historia universal documentada da fe clara y concisa al respecto, no podemos seguir cometiendo ese gran error si esperamos tener resultados diferentes. Buenos ciudadanos generan buenas políticas públicas, asimismo de forma inversa buenas políticas públicas generan buenos ciudadanos, y el conocimiento, su búsqueda, debe ser una norma sagrada y constante, universal, desde el momento que llegamos a la vida, hasta nuestra muerte.

Los Emigrados
Quienes hemos vivido la experiencia de emigrar fuera de nuestro lugar de origen por razones ajenas a nuestra voluntad, podemos corroborar de forma fehaciente el dramático abanico de emociones, y situaciones que vivimos durante este proceso y la incidencia tan profunda que talla en nuestra personalidad, percepción de la sociedad y del mundo en general. Como resultado de este movimiento migratorio nos encontramos con dos vertientes mayores que por norma definen el futuro de los migrantes: (a) Aquellos que, por razones diversas, en ocasiones propias y otras por causas muy ajenas a ellos, caen, viven en un estado de vulnerabilidad constante. (b) Caso contrario ocurre cuando la emigración se vive como un medio que estimula las posibilidades de desarrollo personal e integral; los sentidos humanos innatos se activan, y las historias de éxito se empiezan a escribir por sí mismas. En la actualidad por la forma como nos hemos repartido el planeta, trazado fronteras, ciudadanías, nacionalidades, con gobiernos totalitarios sin una razón de ser más que el control

territorial y de su sociedad, nos es absolutamente claro que tenemos un largo camino por recorrer en estos asuntos de la movilidad humana. Nuestros conocimientos, definiciones de ciudadanía, nacionalidad, líneas fronterizas, incluso las definiciones étnicas y raciales, necesitan de una redefinición por las transformaciones, encuentros y mezclas de lo que nos definía hasta tiempo reciente. Las sociedades cerradas ya sea por incidencia más que nada religiosa o política, son las que al paso del tiempo resultan rezagadas en esta evolución humana tan natural. La apertura a los movimientos de personas, bienes y servicios, echa a andar toda una nueva era de posibilidades que al margen de opiniones personales estimula nuestras inquietudes. Inicialmente, en asuntos de gobierno creo que, si se concibe todo lo positivo, los movimientos poblacionales son una fuente de creatividad y trabajo que habrá que aprovecharse al máximo. Como en los tiempos tempranos de la humanidad, nuestros miedos aún son muy fuertes. Nuestras diferencias raciales y étnicas tienen un peso mayúsculo en nuestra convivencia humana, ¡tanto por llamarnos el hombre moderno!

Partidismo Político
El partidismo político o ideológico que en la mayoría de sociedades se maneja, indudablemente deja mucho que desear y no soporta un análisis serio, a fondo, por sus definiciones tan marcadamente opuestas al bienestar en general. El hombre en su afán de organizar de alguna forma la administración de la sociedad, ha manejado una serie de teorías político-administrativas con sus respectivas tendencias (en muchas ocasiones no muy claras)

lo cual ha degenerado en cultivar una característica en individuos con profundos apasionamientos, que raya en el fanatismo partidista político, que nada tiene que ver con la objetividad para administrar la cosa pública de manera eficiente, transparente y sobre todo que sirva de sustento en el empoderamiento de la ciudadanía a la cual deben servir. A través del tiempo la humanidad ha experimentado prácticas de ideologías partidistas con objetivos de grupos muy definidos, llámense clase trabajadora o empresarial, demócrata, conservador, liberal, comunista, socialista, anarquista, etc., toda una serie de denominaciones con objetivos más de imposición o gestión programática e ideológica, que con el afán de servir a toda la sociedad más allá de sus respectivos intereses de grupo. Es una serie de guerritas de todos contra todos, peleando, acordando, negociando su porción más que nada de participaciones presupuestales para sus supuestos representados, incluso hay partidos que en su ideología buscan derrocar o aniquilar a quienes no piensen como ellos, o en su caso tomar el poder político de forma indefinida, imponiendo su sistema programático de gobierno. Nada de representatividad o todas esas cosas que la democracia nos sugiere como método de convivencia política armónica. Estas prácticas actualmente se encuentran rebasadas por la sociedad. Defender ideologías o programas anticuados, o en su caso a funcionarios o políticos corruptos por compromisos o lineamientos partidistas, para el ciudadano libre de hoy, que busca una mejor calidad de vida para él, su familia o su país en general, es historia, es cosa del pasado.

Pobreza Mental

Nuestro estado mental se refleja claramente en nuestra vida diaria, así como en todas nuestras actividades. Citando una frase muy simple: "as within, so without" (como estamos en nuestro interior, así seremos en nuestro exterior). Uno de los pasos más difíciles y básicos que el ser humano puede considerar y empezar a ejercer es la autocrítica. Los estudiosos de estos asuntos tan profundos como es la salud mental, nos muestran toda una variedad de posibilidades que van desde nuestra gestación y su proceso, nuestro entorno en nuestro nacimiento, los años formativos, nuestra salud física, nuestro alimento tanto como nuestro estímulo intelectual; toda una diversidad de circunstancias y factores de incidencia en nuestro estado mental. En lo general el hombre aún tiene preocupaciones mayúsculas de subsistencia, que le roban y privan de aspiraciones más sublimes, que son posibles por nuestra esencia humana misma. Nuestros niveles de concientización los hemos descuidado muchísimo, nos hemos enfocado en preparar trabajadores con especialidades muy determinadas, le apostamos fuerte a los sistemas educativos actuales, tenemos excelentes científicos, ingenieros médicos, etc., muchos de ellos exitosos en sus especialidades profesionales, así como económica y socialmente, pero con frecuencia muy deficientes y pobres seres humanos, desligados, ajenos a un compromiso humanista. Ante tales situaciones resulta de fácil comprensión ver la necesidad de implantar sistemas educativos muy diferentes a los actuales. Si aspiramos a ser mejores personas, mejores seres humanos, no podemos ignorar que se nos dificulta aprender, nuestros procesos de evolución son demasiado lentos y largos, las mentes brillantes aún son garbanzos de a libra, por raras y excepcionales. Aún tenemos que identificar nuestros miedos a lo desconocido, con tranquilidad conquistarlos, tenerlos bajo control. Igual a las adicciones, de las que somos tan fácil presa. Tenemos que encontrar la fuerza de voluntad en nuestro interior, para atenderlas y controlarlas, no podemos seguir tropezando con la misma piedra vez tras vez.

Nuestra Salud
Si nuestro cuerpo físico es considerado, filosóficamente, el centro de nuestra esencia, e incluso las grandes religiones en sus cánones y principios sustentan el cuidado del mismo, ¿qué nos ocurre que lo descuidamos tanto? Pareciera ser que en general tenemos mucho por aprender de nosotros mismos. ¿Cómo funcionamos?, ¿cómo funciona nuestro cuerpo?, tan ocupados estamos en tantas cosas triviales, en agendas de trabajo, profesionales, etc., que nos olvidamos de nuestro cuerpo. La última de nuestras preocupaciones es nuestro cuerpo, nuestra salud física. ¿Si fuésemos un vehículo automotriz estaríamos tan ocupados como para no tener tiempo de ponerle gasolina? En este tema sin temor de equivocarnos, tenemos un problema que cruza todas las posibles barreras imaginarias que manejamos, país, sexo, religión, estado social, nivel social o económico, estatura, etc., nombrémoslo, digámoslo, tenemos un problema básico de alimentación y descuido de nuestros cuerpos. Aseveramos que somos lo que comemos, si es el caso, con el debido respeto, somos mucha chatarra. Justo es reconocer y estimular los

esfuerzos que se dan ya en algunos países, al producir y consumir productos saludables sustentables. La naturaleza nos está cobrando su factura con tanto que tiene para ofrecernos, y nosotros con muchísimas enfermedades crónicas, por tragones y glotones. Urge voltear a ver a la Madre Tierra, sin duda hemos abusado con una codicia desmedida, produciendo nuestros alimentos de forma industrializada con objetivos más económicos y comerciales que de bienestar; asimismo al mercado lo hemos estimulado de manera muy perversa. Para el ejercicio físico urge que desarrollemos y apliquemos una filosofía que promueva y estimule su práctica en las diferentes disciplinas, desde nuestra etapa de formación y adolescencia. El ejercicio físico no podemos seguirlo viendo como asunto de unos cuantos o como una forma de castigo, esa percepción y entendido debe cambiar. La vida sedentaria, la mala alimentación nos ha costado muchas vidas, un giro en nuestros hábitos de mantenimiento físico corporal, sin duda mejorará nuestra calidad de vida

Perfiles
Un asunto por demás espinoso en nuestras relaciones humanas, que nos urge a encontrar fórmulas que nos sensibilicen, es el de las diferencias étnicas y raciales. Ante esto hay que aprender a no juzgar solo por nuestras diferentes características físicas o de raza. Aquí sí se nos han impuesto algunos prototipos de superioridad e inferioridad que carecen de un sustento justo, son irrazonables en cualquier índole. Históricamente se ha abusado de esas supuestas diferencias, entendibles pero inaceptables. Esta evolución

nuestra tiene que dar un salto verdaderamente importante. Nuestra búsqueda constante para hacer de nosotros mejores seres humanos incluye aceptar nuestras diferencias étnicas y raciales, identificando claramente los perfiles que hoy en día son discriminados absurdamente... de religiones, de género, discapacitados, minorías, personas de la tercera edad, etc., tenemos una ardua labor humanista frente a nosotros. Como buenos ciudadanos tenemos que generar buenas políticas públicas que trabajen de forma conjunta entre sí. Tema de mucha actualidad que con estadísticas manejan algunas autoridades, quienes entre sus funciones está dar seguridad y proteger a los ciudadanos, pero con sorpresa nos encontramos con la novedad de que ellos mismos manejan el perfil racial, o socio económico, en su interrelación con la sociedad, lo cual ha generado una serie de tragedias y muertes. Nuestros miedos, desconocimiento e ignorancia, aún son muy graves, la violencia sin duda genera más violencia, la coerción hacia la sociedad no puede ni debe ser una política pública como método o estrategia de armonía. Los gobiernos se sustentan para dar empoderamiento a su ciudadanía, la buena idea de la acción afirmativa requiere de una actualización para ampliar su incidencia desde nuestra infancia en el hogar, en las escuelas primarias hasta las universidades, así como hacerla llegar a la sociedad en general en toda su extensión. Con el optimismo de conocer nuevas personas con sus diferentes características, debemos abrir nuestro espíritu de fraternidad a todos los humanos, una mejor relación humana es posible.

Poder plasmar y compartir ideas con algunas sugerencias sobre algunos temas que nos ocupan en este 2016, no tiene otro objetivo más que buscar un diálogo contigo amigo lector. Podremos coincidir o no en nuestras apreciaciones -este es mi primer ejercicio en este sentido- pero si consigo lograr tu atención, con respeto, quizás cuestionando mis ideas, ya habré logrado mi objetivo. De antemano sé que hay algunos temas más que pudiera haber abordado, porque incluso en eso varían nuestras prioridades, sin embargo, me quedo con la intención, con el compromiso de que en un futuro cercano intentaré hacer algo diferente, con temas diferentes y con otras perspectivas. Lo que sí es seguro, es el objetivo: Siempre intentaré contribuir para hacer mejor nuestro mundo, desde cualquier espacio de actividad o participación. Tengo la firme convicción de que nuestra evolución es constante, pareciera que a un ritmo súper lento desde mi observación personal, considerando lo corto que es nuestro paso por la vida en relación al tiempo y el espacio. Con humildad y sencillez mientras esté en mis posibilidades y facultades continuaré cuestionando, y sugiriendo elevar nuestro nivel humanístico. Veo un campo de cultivo muy amplio pero muy descuidado, el consumismo desenfrenado y sus derivados se han disparado teniendo un fuerte impacto en la humanidad, con consecuencias alarmantes para el espíritu de fraternidad humana. Con todos los avances científicos y tecnológicos nuestras preocupaciones se han vuelto meramente materiales, dejando de lado lo que considero algunos valores humanos básicos; creo que debemos evitar ser considerados solo un número más en las estadísticas de consumo o mercado. El factor humano tenemos que hacerlo presente en todas nuestras actividades y de ser posible enriquecerlo. Muy lamentable sería que todo nuestro desarrollo termine dejando solo a un grupo de robots mecanizados, sin habernos dado la oportunidad, nosotros mismos, de dar vida a esos seres humanos maravillosos que llevamos dentro.

www.ingramcontent.com/pod-product-compliance
Lightning Source LLC
Chambersburg PA
CBHW060201050426
42446CB00013B/2932